# 湛庐CHEERS

与最聪明的人共同进化

HERE COMES EVERYBODY

## 测试

法则 1
鼓励“成功的失败”

法则 2
押注大梦想

法则 3
实践动态的发明与创新

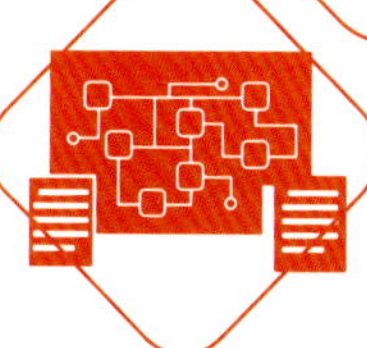

亚马
14
增长

## 规模化

法则 11
维护你的文化

法则 12
专注于高标准

法则 13
衡量重要的事情，质疑你所衡量的内容，并且相信你的胆识

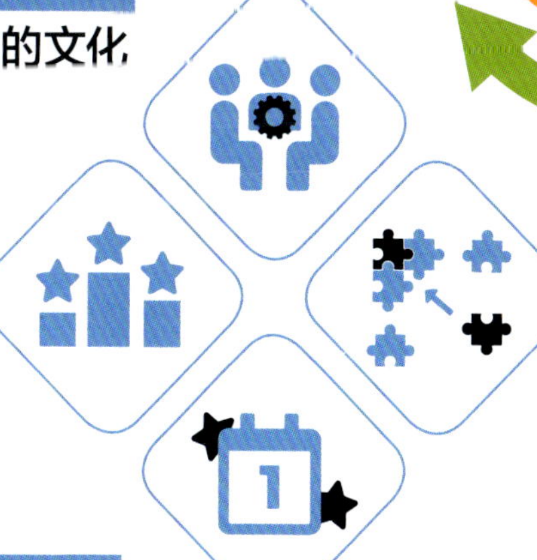

法则 14
相信永远都是第一天

构建
法则 4
痴迷于客户
法则 5
运用长期思维
法则 6
了解你的“飞轮”
逊的
条
原则
加速
法则 7
生成快速决策
法则 8
化繁为简
法则 9
以技术换时间
法则 10
提升所有权意识和主人翁精神

# 贝佐斯致股东的信

# The Bezos Letters

[英] 史蒂夫·安德森 Steve Anderson
[英] 卡伦·安德森 Karen Anderson 著
汤文静 译

——

亚马逊的发展史其实就是一部电子商务对传统商业的冲击与颠覆史，也是一部将技术应用于商业的创新史。本书通过对贝佐斯致股东的信的深入研究，总结了亚马逊的 14 条增长法则，揭示了亚马逊打造无边界帝国的四个阶段。让我们像贝佐斯那样思考商业创新，践行这 14 条增长法则，争取在各个商业创新领域超越亚马逊。

**任建标**

**上海交通大学安泰经管学院**
**技术驱动的创新管理课程教授**

——

这本书通过对 20 多年来贝佐斯每年给股东的信进行深入分析，揭示了亚马逊作为全世界最伟大的公司之一背后的成功逻辑。书中提出的在测试、构建、加速、规模化这四个阶段要践行的 14 条增长法则，是数字经济时代企业制定管理决策的重要指南，对数字经济时代的任何企业都具有极其重要的参考价值。

**陈煜波**

**清华大学经济管理学院党委书记兼副院长、**
**互联网发展与治理研究中心主任**

——

在电子商务和数字经济时代，贝佐斯是创新的代名词，因为亚马逊所做的一切都没有先例；是持续创新的成功使得亚马逊一度成为全球市值最高的公司，也使贝佐斯成为世界首富。这需要价值观与方法论的保障，本书作者从贝佐斯致股东的信中归纳的 14 条增长法则很有价值！

**毛基业**

**中国人民大学商学院教授、院长**

——

任何宏大的事情，都有一个微弱的起点。从一个微不足道的出发点，发展成全球最伟大的巨无霸企业之一，贝佐斯的亚马逊，只经历了 25 年时间。其实在这一商业史上，史诗般的崛起并非毫无轨迹可循。亚马逊创始人贝佐斯，自 1997 年以来，每年发表致股东的信，提供了这家伟大企业波澜壮阔的发展史的关键线索。可惜，全世界大量聪明的人都没有留意，或者即使留意也完美错过了！

探索成功的真谛永远不晚！如果能够重读贝佐斯这 20 多年来致股东的信，希望有机会领悟贝佐斯面向未来的重要指引。“横看成岭侧成峰，远近高低各不同。”每个人阅读贝佐斯致股东的信，都可能有不同的收获。本书作者安德森，就从这 20 多封信中，看出了新的结构，不一样的道道。

安德森提出了贝佐斯的成功模型，这个模型是由贝佐斯致股东的信以及大量的旁证材料整合而成的。在这一模型中，安德森提出了“测试、构建、加速、规模化”成长四阶段，具体总计 14 条心法。可以说，这就是安德森总结出来的贝佐斯和亚马逊的成功心法。知行合一才是正道。如果说贝佐斯致股东的信更多地反映了贝佐斯的知，那么安德森的 14 条增长法则，则是把贝佐斯的知、行加以整合的一种有益尝试。这本书非常值得一读。

**陈玮**

**北大汇丰商学院管理实践教授**

---

《巴菲特致股东的信》曾引导我们学习价值投资，《贝佐斯致股东的信》将带领我们提升商业管理能力。这本书总结的 14 条增长法则，不仅适用于创业者，也对追求创新与发展的管理者大有帮助。学会像贝佐斯一样思考，就是形成风险与增

长的思维方式，不断自我超越，并影响商业世界。

**何刚**

**《财经》杂志主编，《哈佛商业评论》中文版主编**

——

一个优秀的企业家绝不只是一个优秀的管理者，还必须具有极强的创新思维和天生的商业嗅觉，他颠覆的是传统思维和眼光，但对于商业逻辑和原则又绝对地服从和遵守。亚马逊创始人杰夫·贝佐斯无疑是个中翘楚，他怎么能够集这些优秀特质于一身？他的这些特质又怎么能够为企业家以及其他各类管理者所借鉴？

本书作者从贝佐斯自 1997 年以来所写的 20 多封致股东的信中提炼出的 14 条增长法则，是亚马逊成为世界上增长最快的公司的秘诀，可以帮到任何行业中的任何企业。作者同时惊异地发现，他在商业领域孜孜不倦地寻找更多的成功秘诀，结果这些成功秘诀都符合 14 条增长法则中的某一项。作者又把 14 条增长法则融合到贝佐斯个人和亚马逊的成长经历中进行了深入的观察和分析，伴随着这些分析，亚马逊的成功秘诀逐渐清晰地浮现出来。

这 14 条增长法则，一部分是通用的成功铁律，比如运用长期思维、痴迷于客户、押注大梦想和生成快速决策等，但还有几条特别令人我印象深刻，比如鼓励“成功的失败”、实践动态的发明和创新，还有相信永远都是第一天。我想这也是让亚马逊经历了21世纪初的互联网泡沫和2008年的金融危机等惊涛骇浪之后，最终还能获得巨大成功的核心要素。而关键之关键，我认为在于贝佐斯非常理智地看待亚马逊的成长。他知道风险与成长之间存在着精妙的张力，“如果你不愿意冒险，你也就不会成长”，而且贝佐斯并不是盲目冒险，他的做法极其精明：选择不同的方式来冒险，通过不断评估风险回报率改变这个游戏的玩法。

**杨宇东**

**第一财经总编**

——

这是一本关于亚马逊帝国增长法则的教科书。作者通过阅读、分析贝佐斯20多年来致股东的信，从中梳理、总结出14条增长法则，他以亚马逊成功或失败的经验、故事作为案例逐条讲解，穿插以NASA、爱迪生和众多其他企业家、科学家的相关故事、名言警句，并且在每个阶段都佐以贝佐斯致股东信中的语句，使得整本书非常易于阅读和理解，但能不能真的读懂就看读者自己的修炼了。此外，我们真的期待在马斯克之外，还有贝佐斯以及更多民间牛人帮我们打开通往外太空的通路。

**张延**

**FT中文网出版人、总裁**

——

贝佐斯在线上书店、云计算、太空旅行方面，都拥有先知般的洞察力和作为先行者的超级行动力。在风险与希望相伴的商业旅程中，他将每一天都看作第一天，铸造企业飞轮，实现高效增长，取得了并将持续取得让人讶异的成就。和巴菲特致股东的信相比，贝佐斯致股东的信的价值显然是被低估了。所以，我很高兴看到湛庐推出这本研究贝佐斯非凡洞见与际遇的专著，也有理由期待亚马逊在中国的商业战略与用户体验能够更上层楼。

**陈为**

**正和岛副总裁、总编**

——

理解商业信息永远需要“线头”。如果说单篇股东信是构建、过滤而来的文本，那么把数十封信件串联起来，反倒能让我们从组合中看到某些偶然性。依我看，商业世界里的偶然才更天然，更稀罕，更贴近真实，更能成为“线头”。本书带给我的阅读体验也挺奇妙，既像是跟随作者进行聚沙成塔的创作，也像是贴近贝佐斯接受思维训练，让人据此无端多出的信心，恰好足够去跟随亚马逊这家市值万亿美元的公司里的最聪明的那个人。

**董力瀚**

**投中网总编辑**

——

贝佐斯创建的亚马逊给出了成就梦想的样本，亚马逊有持续创新的推动力，又能够在做大规模之后保持增长的动能。如果说巴菲特致股东的信教会了投资人如何价值投资的话，贝佐斯致股东的信则强调了基业长青需要将长期思维贯穿于企业管理的全过程。贯彻长期思维，需要决策层始终能分清楚什么是短期而紧急的问题，什么是长期而重要的问题，并采取完全不同的决策流程，需要吸引并激励富有使命感的复合型人才，还需要用自己的高标准影响公司所处的整个生态圈，以客户为中心共同进化。

**吴晨**

**《经济学人·商论》总编辑**

——

《贝佐斯致股东的信》是了解亚马逊发展战略以及杰夫·贝佐斯如何思考的重要参考工具书。

**张鹏**

**极客公园创始人、总裁**

# 贝佐斯致股东的信
# 与亚马逊无边界帝国

任建标
上海交通大学安泰经管学院
技术驱动的创新管理课程教授

亚马逊由本在华尔街一家基金公司工作的杰夫·贝佐斯在1994年辞职创立，一开始的业务是通过互联网销售图书，在“成为全世界最以客户为中心的企业”的价值观驱动下，经过25年的发展，亚马逊目前已经成为全球最大的电商平台和云计算科技企业之一。

所有的伟大都源于一个勇敢的开始。杰夫·贝佐斯曾经说：“最开始我们就是以客户为出发点，现在只是回到起点。为了服务好客户，我们学习所有需要的技巧，开发和构建所有需要的技术。”亚马逊的市值已经连续25年保持着持续的增长，突破了1.5万亿美元，是全球第二家市值突破1万亿美元的公司。亚马逊的业务有边界吗？

通过对 1997—2019 年，杰夫·贝佐斯每年致股东信的深入研究，我们可以发现亚马逊快速发展中的三轮颠覆和三层飞轮，同时我们结合《从优秀到卓越》作者吉姆·柯林斯的“刺猬理念”来研究一下贝佐斯的领导力。

## 第一轮颠覆：对实体书店的颠覆（1995—2000 年）

贝佐斯为什么会选择开网络书店来创业？主要有 6 个原因：

1. 1994 年互联网兴起，图书市场的电商寥寥无几；
2. 图书实物形态上标准化程度相对较高，物流运输过程中不易损坏；
3. 创业期投入的成本较低；
4. 图书的库存保有单位（SKU）数量大，实体书店库存有限；
5. 美国最高法院 1992 年规定网络零售商异地销售免征消费税；
6. 实体书店覆盖客群密度太低，留有市场需求空白。

贝佐斯回顾自己为什么要创业时说：“当我 80 岁时，我会因为离开华尔街而遗憾吗？不会。我会因为错过了互联网的崛起而遗憾吗？会。”贝佐斯在父母给予的 30 万美元的资助下，和妻子麦肯齐在西雅图郊区的一个车库里开始创业。

在亚马逊进入图书市场之前，美国图书的整体市场呈现较为高速的发展，线下书店销售额从 1992 年的 83.27 亿美元增长到 1995 年的 111.96 亿美元，复合年均增长率（Compound Annual Grourth Rate，简称 CAGR）达 10.4%。市场上的主要图书巨头为 B&N 和 Borders 书店。亚马逊凭借线上图书的品类优势、价格优势、邮寄的及时性以及围绕着图书品类做的一系列兼并收购，使得图书业务不断得到巩固，自身业务出现爆发式增长。第一阶段颠覆完成之后，亚马逊市值大于所有线下书店市值之和。实体书店面临破产（Borders 书店于 2011 年破产）。

2001 年亚马逊邀请吉姆·柯林斯给公司高管分享其畅销书《从优秀到卓越》的研究内容。吉姆·柯林斯调查了 1435 家大企业，经过调查、比较、研究，柯林斯吃惊地发现：在从优秀公司到伟大公司的转变过程中，根本没有什么“神奇时刻”，成功的唯一道路就是清晰的思路、坚定的行动，而不是所谓的灵感。成功需要我们每个人排除一切干扰，把精力集中在最重要的事情上，全力以赴去实现目标。吉姆·柯林斯提出了著名的“飞轮效应”。

**飞轮效应**

“飞轮效应”是指为了使静止的飞轮转动起来，一开始必须使很大的力气，一圈一圈反复地推，每转一圈都很费力，但是每一圈的努力都不会白费，飞轮会转动得越来越快。当达到某一临界点时，由于牵引力和惯性的存在，即使飞轮失去推力，也可以在一定的时间内转动。可坚持到底的转变总是遵循一个能够预测的模式——从积累到突破。要想推动一个庞大而又沉重的飞轮旋转终归需要花费很大的力气才能做到，但是在一段很长的时间内，坚持不懈地推动飞轮朝同一个方向旋转，飞轮就会积累起动量，最终实现突破。飞轮的特点是什么呢？是如果你一次性给它一个很大的力并不会使它马上快速转动，而如果你不断地以小股力量朝一个方向推动它，长期积蓄之后它会越转越快。

**第一层飞轮**

亚马逊的第一层飞轮是利用电商平台所售商品的高性价比、极速物流与高客户体验带来的巨大客流量和市场份额，形成了用户网络效应。亚马逊通过提供低价和种类丰富的书籍商品以及创造性地应用互联网技术和数据营销技术来提高客流量和用户体验，在美国用户满意度指数上蝉联冠军，同时进一步促进了用户的持续增长。

贝佐斯在 1999 年致股东的信中写到：亚马逊有 6 个主要运营指标：① 提高客户数量及与每个客户的关系强度，② 提供的产品和服务持续快速扩张，③ 推动公司所有领域开展卓越运营，④ 实行国际扩张，⑤ 扩大合作计划，⑥ 在每项业务中实现盈利。

## 第二轮颠覆：对零售实体卖场的颠覆（2000—2015 年）

亚马逊在大幅提升物流中心基础设施能力的同时，还通过自营以及为其他卖家供货的方式出售数百万种独特的全新、翻新及二手商品，包括图书类产品、影视类产品、音乐和游戏类产品、数码下载服务、电子产品、家居和园艺用品、玩具、婴幼儿用品、食杂货、服饰、鞋类、珠宝、健康和美容用品、体育类产品、户外用品以及汽车和工业产品等，几乎没有什么是亚马逊不卖的。在这个阶段，亚马逊通过拓展自由品牌、建立 PRIME 会员体系和第三方卖家市场 MARKETPLACE 这三大创新性运营方式继续保持业务的高速增长。

1. 拓展自由品牌：亚马逊在这个阶段有 200 个左右自有品牌，主要涵盖电子产品 、快消品、服饰、个人护理类产品、食杂货、宠物以及家居类产品等。推出自有品牌的品类需要满足一些特征：产品感知差异小、代工体系成熟、该品类品牌集中度低等，而满足这些特征的一般是生活用品及快消品。

2. 建立 PRIME 会员体系：PRIME 会员制度是亚马逊自 2004 年创建的为会员提供低价格“特权”的一种方式，即会员仅需每年支付一定的费用便可享受免运费服务。在 PRIME 业务推出初期，公司内部高管均极力反对，因为无论如何核算，免物流费都是一笔亏本买卖，但贝佐斯依然坚持推出这一制度。

3. 建立第三方卖家市场：亚马逊通过吸引第三方卖家，使平台为客户提供多样化商品，进而吸引更多消费者。通过这种方式，亚马逊在使客流量增大的同时，也吸引了更多中小企业加入其线上开放平台，构建起稳定的供应商网络效应。第三方卖家加入亚马逊平台表面上是与亚马逊产品产生了直接竞争的关系，但实则为亚马逊带来了无限的客流量。虽然如果第三方卖家出售更低价的商品，会侵蚀亚马逊的线上自营零售业务，但如果第三方卖家能够提供性价比更高的商品，那么就为顾客提供了更多接触到这类商品的机会，从而提升顾客满意度，增大客流量。

亚马逊通过拓展自由品牌、建立 PRIME 会员体系和第三方卖家市场 MARKETPLACE 这三大创新性运营方式，对零售实体卖场带来了巨大的冲击。2015 年，亚马逊的市值几乎等于沃尔玛、好市多、CVS、塔吉特、百思买、梅西百货等传统零售实体卖场巨头的市值总和。

### 第二层飞轮

在第一层飞轮的转动下，亚马逊逐步创建了大规模的物流仓储系统，实现了自动化库存补货、库存设置和产品定价的运营能力。亚马逊的全球物流中心从 2005 年的 13 个增加到 2014 年的 109 个。物流中心有专有软件来管理收货、装载、拣货和装运。Amazon Robotics 始于亚马逊 2012 年收购的 Kiva，已部署超过 15 000 台机器人，以更大的密度和更低的成本进行产品的存放和检索。PRIME 会员制度的推出就是为了打造最佳的客户流量工具，以提高物流仓储设施的利用效率。

这种兼顾自营与第三方卖家市场的“混合动力模型”的成功加速了“亚马逊飞轮”。客户最初会选择亚马逊自营商品，但亚马逊通过让第三方卖家一起提供商品，会让亚马逊平台对客户形成更大的吸引力，吸引更多的卖家。这增加了亚马逊的规模经济效应。

当第三方卖家决定使用亚马逊的物流服务（FBA）时，它们将库存存放在亚马逊的配送中心，亚马逊负责所有物流服务、客户服务和产品售后服务。如果客户同时订购了第三方卖家和亚马逊自营的商品，亚马逊就可以在同一个快递箱中将这两个商品运送给客户，这是一个巨大的效率提升。更重要的是，当卖家加入亚马逊物流服务时，他们的商品也可以享有PRIME资格。

## 第三轮颠覆：对计算能力的颠覆（2006年开始至今）

自2006年亚马逊正式推出AWS云服务以来，随着云服务市场的不断扩大和成熟，AWS业务增长迅速，亚马逊也推出了应用程序服务、数据库、计算机网络、开发管理等一系列云服务来满足不同用户的需求。

近几年来，AWS业务的营业利润不断提高，亚马逊的营利能力也越来越强。AWS作为亚马逊的一项重要业务，其发展愈加成熟而健康，年均营业利润率超过 20%，且营业利润逐年持续增长。在未来的一段时间，AWS 仍将成为亚马逊收入与利润增长的主要驱动力。

亚马逊的 AWS 业务快速增长主要有 6 个原因：

1. 帮助客户用低廉的月成本替代前期信息基础设施投资；
2. 帮助客户持续缩减信息技术投入与运营总成本；
3. 帮助客户实现柔性的信息基础设施能力；
4. 帮助客户更快速和敏捷地开发和部署应用程序；
5. 帮助客户聚焦于商业应用，而非运营；
6. 帮助客户实现全球性业务覆盖。

亚马逊的 AWS 云服务能力是建立在前两层飞轮的业务发展要求基础之上的。为了不断变现自己在信息技术基础设施上的能力，亚马逊为第三方企业提供云服务，并在快速增长中开创了新的收入中心，发展到今天，成了全世界云服务行业的领导企业。亚马逊 AWS 云服务的市场占有率遥遥领先，几乎是排在微软云、IBM 云、谷歌云和阿里云的总和。2020 年，其市值远远超过 SAP、Oracle、IBM 等传统云服务厂商，实现了在云计算能力上的颠覆式发展。

**第三层飞轮**

如果说第二层飞轮大幅提高了亚马逊物流仓储基础设施系统的利用率和资本投入效率，那么第三层飞轮的 AWS 云服务在大幅度提高亚马逊信息技术基础设施的利用率和资本投入效率的同时，还成功开创了新的收入增长来源，大大提升了亚马逊公司的市值。

AWS 云服务是亚马逊于 2006 年推出的一个激进想法。按需付费的云存储和计算资源帮助客户加快了开展新业务的速度。像 Dropbox 和 Airbnb 这样的公司直到现在都使用 AWS 云服务。随着 AWS 云服务获得成功，亚马逊加快了创新步伐——每年都会迭代推出几百项新功能和新服务，包括在服务器、网络、数据中心、基础设施软件、数据库、数据仓库等方面都做出了技术创新，而且 AWS 的市场规模不受限制。贝佐斯认为 AWS 将会产生强大的资本回报率，这是因为 AWS 是资本密集型的，跨客户开放服务为 AWS 提供了更高的利用率，并相应提高了资本效率。规模经济在为亚马逊提供高资本效率这一相对优势的同时，又能够继续塑造新的业务，以获得更好的资本回报和完美的飞轮。AWS 业务现在很“年轻”，而且还在不断发展壮大。如果继续以客户的需求为中心，我们认为亚马逊将继续保持领先地位。

## 刺猬理论，以客户为中心

吉姆·柯林斯提出的刺猬理论是指刺猬会把复杂的世界简化成单个有组织的观点，比如一条基本原则或一个基本理念。不管世界多么复杂，刺猬都会把所有的挑战和进退维谷的局面压缩为简单的基本原则，发挥统帅和指导作用。

对于任何技术，最关键的问题是这种技术是否直接服务于该公司的刺猬理念，如果答案是肯定的，那么需要率先使用这种技术。如果答案是否定的，则可以完全不采用这种技术。一个卓越的企业应该把技术视为飞轮的推动力。

就像贝佐斯所说的那样，他创建和领导的亚马逊的运营体系始终有三大信条，这三大信条跟随公司 25 年，并带来了成功，那就是：客户至上、发明创造和保持耐心。

亚马逊的发展史其实就是一部电子商务对传统商业的冲击与颠覆史，也是一部将技术应用于商业的创新史。本书通过对贝佐斯致股东的信的深入研究，总结了亚马逊的 14 条增长法则，揭示了亚马逊打造无边界帝国的四个阶段。让我们像贝佐斯那样思考商业创新，践行这 14 条增长法则，争取在各个商业创新领域超越亚马逊。

推荐序 2

# 让贝佐斯成为你的商业教练

迈克尔·海厄特（Michael Hyatt）
托马斯·尼尔森出版公司前董事长兼首席执行官

当人们问我他们需要做什么才能使自己的生意立即获利时，我会说“请一位教练”。在过去的 20 年里，我在一家市值达 2.5 亿美元的出版公司担任董事长兼首席执行官，如今我创立了一家领导力咨询公司，兼任首席执行官。我一直在与最优秀、最聪明的人共事，因而无论在个人生活方面还是在职业领域，我都取得了突破性成果。

通过向教练学习，我充分汲取了他们的智慧和经验，也增强了洞察力。我的教练们向我分享了他们的成功与失败，由失败所得的教训通常更教益深远。当我无法逾越自己的各种预设和局限时，他们给了我截然不同的视野。他们的智慧和洞察力帮助我无论遇到顺流、逆流还是激流，都能在商业的海洋里乘风破浪。其实，毋庸置疑，正是有了他们的引领，我才能走得更快、更远。

什么样的人才能成为优秀的教练？一个比你走得更远、站得更高的人；一个经历过失败，但他失败的方式比你的更有意思的人；一个面对过的挑战远比你的更为艰巨而且最终胜出的人。许多人都符合这些要求，但目前有一个人尤为突出。

他就是亚马逊创始人兼首席执行官杰夫・贝佐斯，想象一下如果他作为商业教练会怎么样？我会一跃而起抓住这个机会，这个机会太难得了，我会问他复杂的问题，比如："你到底如何成就了亚马逊？"我会很高兴利用他的见识和经验，来建立和扩展自己的业务。谁会不爱这样的机会呢？

可惜对于你我而言，这不大可能发生。但值得庆幸的是，在《贝佐斯致股东的信》这本书中，我的朋友史蒂夫・安德森提供了次优的办法。阅读这本书相当于聘请贝佐斯当你的商业教练。你可以看到他所看到的，思考他所思考的，然后将你从未想到过的方法应用于业务中，贝佐斯正是用这些方法使亚马逊成为世界上最成功的公司之一的。

安德森是怎么做到的？他仔细阅读了贝佐斯写给亚马逊股东的信，并从中提炼出 14 条增长法则。其中有些增长法则在信中显而易见，而另一些则暗含其中。但安德森展示了这些法则如何共同运作，进而帮助亚马逊实现了其他公司所无法比肩的扩张。这些见解就隐藏在大众视线之内，但我认为没有人会像他那样看待它们。

安德森花了数十年的时间研究、分析商业和技术的趋势，尤其专注于商业风险，他的看法与我们大多数人的最初设想都不同。他始终关注未来的趋势与机遇，探索人们应该如何利用未来的机会来发挥自己的优势。

你可以把他当作你理解贝佐斯思想的向导。他就像考古学家一样，深入亚马逊的现场[①]，发现了亚马逊几乎无人能够理解的卓绝的构造，破译了其艰深难懂的“铭文”。而且，安德森已经为我们所有人解码了“贝佐斯致股东的信”背后的逻辑，并将其翻译成可以轻松掌握并能应用于几乎所有企业或组织的语言。

除此之外，安德森还讲述了许多有趣的故事，从贝佐斯如何经历“成功的失败”到他如何看待太空。通过这些故事，我们可以看到未来共同成长的各种路径。

以贝佐斯为商业教练，以安德森为向导，你将清楚地了解如何将业务提升到更富有成效、更具影响力的水平。当你将安德森在本书中揭示的14条增长法则应用于自己的企业时，你将拥有发展自己的企业所需要的一切，就像亚马逊一样。

---

① 海厄特用考古工作者深入考古现场工作来隐喻安德森深入发现了亚马逊深层的运作逻辑。——译者注

序 言

# 风险与成长

在研究商业风险35年之后，我认识到，实际情况中只有两种商业风险：接受委托所需承受的风险（risks of commission）和遗漏的风险（risks of omission）。换句话说，即你承担的风险和未承担的风险。

因为杰夫·贝佐斯，亚马逊成了有史以来年销售额最快达到1000亿美元的公司。贝佐斯可以说是精通风险管理的大师。那么，他是怎么做到的呢？

## 有意识地冒险

在我的大部分职业生涯中，我作为演讲者和顾问，深耕技术和风险研究领域。许多人认为保护自己远离风险始终都很重要，承担风险永远是糟糕的事情。人们会尽一切努力保护自己，避免遇到无法预料和具有破坏性的事情，以防因此受到伤害并遭受经济损失。

然而我并不这样看待风险，而且我发现贝佐斯也不这样看待风险。我已经意识到，风险与业务增长之间存在着不可或缺的联系，很多人却忽视了这一联系。从这个有利的角度来看待风险，我们可以让风险发挥非常积极的作用。所以我在本书中分析亚马逊发展迅速的原因时采用了与其他人不同的角度，即风险有益的角度。

是的，每家企业都会承担风险，而盲目地冒险就好像掷骰子，你永远不知道会发生什么。但是贝佐斯是在有意识地冒险，如果大多数企业能够意识到这一点，它们也可以利用有意识的冒险来获得更大的回报。我认为亚马逊的增长应归功于贝佐斯利用风险的独特方法，他致力于创造一种乐于测试和发明的企业文化。这全都基于他对成功和失败的独特看法，尤其是他对失败的与众不同的态度。

## 亚马逊的增长神话

1994 年 7 月，30 岁的贝佐斯创办了一家小型在线书店，以南美洲最长河流名称命名为 Amazon.com。这其中有一段小插曲，贝佐斯差一点儿给公司取名为“Cadabra”，就是“abracadabra”[①] 这个词的后半部分。他的律师错听成近音词“cadaver”（尸体），于是贝佐斯决定改名。

① “abracadabra”是西方语言中特有的一个重复的元音，通常用在一段咒语最后，相当于中文的“急急如律令”，表示咒语的命令下达完毕。——译者注

亚马逊以河流的名称命名，据说有两个原因。其一，是指其规模最大，Amazon.com 上线时的标签栏写着“地球上最大的书店”；其二，当时网站搜索结果通常按字母表排列顺序列出，用 Amazon 这个名字搜索时，亚马逊会首先出现。

虽然最初的想法很简单，但亚马逊很快就与苹果、微软和谷歌一起成长为全球市值最高的四家公司。亚马逊是有史以来年销售额最快达到 1 000 亿美元的公司，也是首批市值达到 1 万亿美元的公司之一。它拥有超过 60 万名员工，员工数量超过包括卢森堡、冰岛和巴哈马在内的许多国家的人口总数。贝佐斯在 2010 年普林斯顿大学毕业典礼演讲[1]中说：

> 16 年前，我萌生了创办亚马逊的想法。我发现一个事实，即网络的使用量每年以 2 300% 的速度增长。我从来没有见过或听说过任何增长得如此迅速的事物，况且成立一家拥有数百万种图书的在线书店这个想法让我感到非常兴奋，这在现实世界中是根本不可能实现的。
>
> 那时我刚刚 30 岁，已经结婚一年了。我告诉妻子麦肯齐·贝佐斯（MacKenzie Bezos），我想辞掉工作去做这件疯狂的事情，但是这事可能会失败，因为大多数初创公司都没有成功，而且我不确定未来如何。麦肯齐告诉我，我应该放手一搏。她也是普林斯顿大学的毕业生，今天就坐在观众席的第二排。
>
> 小时候，我是车库里的发明家。我用水泥填充的轮胎发明了一种自动关门器，还用雨伞、锡箔纸、几个警报器

发明了一件不太好用的太阳能炊具，这些可害惨了我的兄弟姐妹们。我一直想成为发明家，而麦肯齐希望我追随自己内心的热情。

在开始创业的前 20 年，亚马逊历经 21 世纪初的互联网泡沫、2007—2009 年的金融危机和经济大衰退以及多次其他金融危机后幸存至今，许多和亚马逊同时代的公司却都已经倒闭了。2018 年亚马逊达到 1 万亿美元估值，贝佐斯已经超过比尔·盖茨、沃伦·巴菲特和其他 70 多亿人，成为世界上最富有的人，净资产约有 1370 亿美元。

是什么推动了这种空前的增长？在无数的科技公司和书店纷纷倒闭的时期，贝佐斯是如何将一家在线书店发展成一家市值达万亿美元的公司的？你想让贝佐斯本人来解释一下，他是怎样做到这一点并且成了世界上最富有的人的吗？

贝佐斯没有躲在幕后操纵这一切，没有像《绿野仙踪》中奥兹国的巫师一样隐藏自己的策略。贝佐斯致股东的信揭示了他从亚马逊创立到现在的想法和策略。贝佐斯非常理智地看待亚马逊的成长，他知道风险与成长之间存在着精妙的张力，“如果你不愿意冒险，你也就不会成长”。而且贝佐斯的做法极其精明：他选择以不同的方式来冒险，通过不断评估风险回报率[①]

① 风险回报率（ROR），指风险成本与其回报之间的关系，并不总是指财务方面的成本和回报。风险回报率类似于投资回报率（ROI）的概念。

改变这个游戏的玩法。

## 精通风险的大师

从上到下，企业中的每个人都知道，我们所做的每一件事都涉及成本和回报。我们发布广告、支付薪水、购买材料、交付商品、建立网站以及任何其他事情所花的每一美元都应该创造超过一美元的回报。同样，我们做某件事所花费的每一分钟，也应该创造出与花费一分钟相匹配的收入。尽管企业中大多数人都透过投资框架来看待成本，但几乎没有人将生意的风险视为一项投资，贝佐斯可能是唯一的例外。

当互联网首次成为主流时，贝佐斯很快就发现 2 300% 的网络使用量增长率是如此超乎寻常。当大多数在线业务还都存在声誉问题时，他辞掉了华尔街稳定的工作，创立了在线书店。他拿着父母资助的 30 万美元，把家从纽约搬到了北美大陆的另一头——西雅图，开始了前途莫测的事业。

这风险很大吧？更何况贝佐斯创立的亚马逊是一家在线书店，那时几乎没有人知道在线书店是什么。

在贝佐斯创办亚马逊后的 1997 年，大多数人在家里无法上网，除非通过“拨号”上网的方式，就像电影《电子情书》（*You've Got Mail*）中的场景一样。贝佐斯在 1997 年致股东的信中将互联网称为“全球等待”（WWW=World Wide Wait）。

1997年，J. K. 罗琳写的“哈利·波特系列”的第一本书《哈利·波特与魔法石》刚刚在英国面市，她现在已是亿万富翁了。那时还没有任何其他关于哈利·波特的电影或主题公园，只有一本关于哈利·波特的书可供孩子们阅读。

1997年也出现了情景剧《老友记》、电影《泰坦尼克号》和豆豆娃①。那时还没有“云计算”之类的东西，那时的“云”仅指天上的云，仅挂在蓝天上。对于那些可以访问互联网的人来说，网景（Netscape）是首选的浏览器，DVD正在大行其道，因为视频在线直播还在20年之后的遥远未来。

就在这一年，贝佐斯辞掉了工作，开了一家在线书店。在一个在线业务全靠运气的时代，贝佐斯涉足在线业务无疑是在冒险。但亚马逊上市短短一年后，贝佐斯就曾在致股东的信中大胆表达过愿景和信心。

---

① 豆豆娃是一种使用豆状PVC（聚氯乙烯）材料作为填充物的毛绒玩具，最早由美国人哈罗德·泰·华纳（Harold Ty Warner）与他所创设的Ty公司发明生产，1996年年末在欧美地区掀起一股惊人的收藏、交易和炒作浪潮。所有豆豆娃都拥有专属的名字和一首用来形容其个性的简单小诗。这些记录在一本封面绘有“Ty”商标的红色心形小册子中，扣在豆豆娃的耳朵上。——译者注

> 我们预计公司在未来三年半的前景将更加令人振奋。我们正在努力打造这样一个平台，成千上万的客户可以在这个平台上找到他们想购买的任何商品。这对于互联网时代来说只是“第一天”；如果我们能够妥善地执行业务规划，那么这也是亚马逊的“第一天”。鉴于已经发生的事情，我们可能很难想象未来的一切，但是我们认为前面的机会和风险要比过去的更多、更大。我们将不得不深思熟虑并做出某些选择，其中一些选择将是大胆且非常规的。希望其中有些选择会使我们成为赢家。当然，还有些选择可能是错误的。
>
> 1998 年致股东的信

事后看来，贝佐斯确实有一些失误，但他也获得了空前的成长（见图 0-1）。

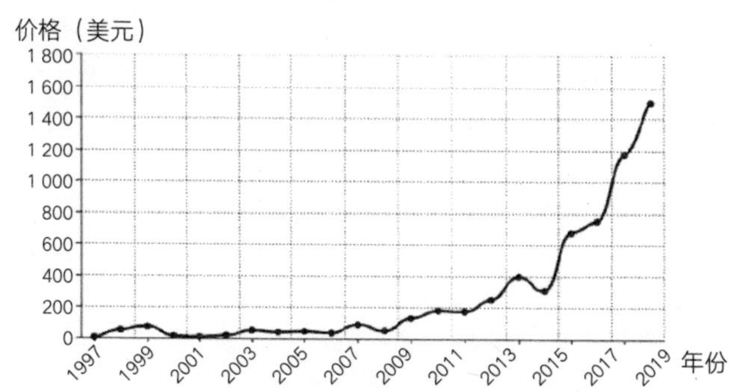


**图 0-1 亚马逊历年股票价格**
**（1997 年 12 月 31 日—2019 年 12 月 31 日）**

尽管他最初只是从一个关键的想法和商业模式起步的，尽管他似乎把“所有的鸡蛋都放在一个篮子里”，但他的计划从一开始就是多元化的。这两种做法的不同之处在于，即使客户还不知道自己的需求，他也一直在测试以发现市场需求并从客户的需求出发进行发明创造。他冒的风险是有意为之和经过测算的，但是不可否认，仍然是有风险的。他先想出了经营一家互联网公司的主意，冒着失败的风险开始起步，然后用东拼西凑的钱和向父母借来的一笔钱，撬动了这一构想，直到创立了亚马逊公司并使之发展壮大。最终这家公司在全球得到了广泛认可，他也由此成为世界上最富有的人。

这就是我为什么说贝佐斯是一位极其精通风险管理的大师。

# 测一测　你拥有像贝佐斯一样的商业头脑吗

1. 风险是天然有害的，企业应时刻警惕和规避风险，以免遭受经济损失。

   A. 正确　B. 不正确

2. 亚马逊取得巨大成功的原因之一，就在于它始终倡导“第一天”的创业精神，保持对客户的痴迷，不断从客户的需求出发进行创新与发明。

   A. 正确　B. 不正确

3. 卓越的企业总是着眼于长远，专注于追求长期价值，不为短期收益而动摇目标。

   A. 正确　B. 不正确

4. 优秀的企业只招收“甲级球员”，他们与其他高绩效人士合作，会帮助团队取得更辉煌的成就，而“乙级球员”只会拉低整个团队的效率。

   A. 正确　B. 不正确

5. 更新的技术虽然可以提升企业效率，节省发展时间，但也会带来高昂的成本，企业不需要持续革新技术。

   A. 正确　B. 不正确

扫码下载“湛庐阅读”App，
获取测试题答案和解析。

目 录

推荐序1 贝佐斯致股东的信与亚马逊无边界帝国 IX

任建标
上海交通大学安泰经管学院
技术驱动的创新管理课程教授

推荐序2 让贝佐斯成为你的商业教练 XIX

迈克尔·海厄特
托马斯·尼尔森出版公司前董事长兼首席执行官

序 言 风险与成长 XXIII

测一测 你拥有像贝佐斯一样的商业头脑吗 XXXI

前 言 贝佐斯致股东的信与14条增长法则 001

引 言 贝佐斯1997年致股东的信
（安德森加注14条增长法则） 013

## 第一部分 成长周期第一阶段：测试


第 1 章 **法则 1：鼓励“成功的失败”** 025

“阿波罗 1 号”的灾难 027

人类迈出的一大步 031

“休斯敦，我们有麻烦了……” 032

将“成功的失败”纳入商业模型 035

亚马逊最成功的失败 037

造成 1.78 亿美元亏损的 Fire 手机 038

从“成功的失败”走向成功 040

第 2 章 **法则 2：押注大梦想** 041

押注亚马逊优选计划 045

押注基础设施的杠杆效应，亚马逊云服务 048

从押小注做起 052

设定评估大赌注的标准 053

寻找第四个大赌注 055

第 3 章 **法则 3：实践动态的发明与创新** 057

动态发明有助于释放创造力 062

专注于动态发明 064

利用你的优势 065

发明的力量 067

Lab126，亚马逊的发明实验室 068

# 第二部分 成长周期第二阶段：构建


第 4 章 **法则 4：痴迷于客户** 073

成为客户至上的企业 076

不断思考客户的真正需求 078

践行“痴迷于客户”法则 079

不断思考客户不愿意成交的原因 081

自动化系统的威力 082

超越预期，让客户惊喜 084

第 5 章 **法则 5：运用长期思维** 087

贝佐斯的万年钟 091

致股东的信的长期思维例证 093

对抗华尔街，为苹果公司做出榜样 094

坚持长期思维 097

长期思维适合任何公司 100

第 6 章 **法则 6：了解你的“飞轮”** 103

亚马逊的飞轮 107

从飞轮的角度审视亚马逊优选计划 110

创建你自己的飞轮 112

## 第三部分 成长周期第三阶段：加速


第 7 章 **法则 7：生成快速决策** 117

通过快速决策加速企业成长 123

亚马逊的六页备忘录 127

六页备忘录的组成部分 132

创建六页备忘录的步骤 133

六页备忘录的价值 133

贝佐斯的特别提示 134

第 8 章 **法则 8：化繁为简** 137

Kindle，让藏书和携书出行更简单 142

Echo 和 Alexa，让日常生活更简单 146

自助结账和亚马逊 Go 便利店 149

Blueprints 技能 151

收购 PillPack，让吃药变得简单 153

第 9 章 **法则 9：以技术换时间** 155

技术是时间的助燃剂 157

如何利用技术去“加速时间” 158

指数级增长的欺骗性阶段 160

亚马逊云服务与 7 年的领先优势 161

突如其来的破坏性 163

亚马逊配送中心的技术 164

第 10 章　**法则 10：提升所有权意识和主人翁精神**　169

像公司的所有者一样思考　172

提升主人翁精神的 8 种方法　174

亚马逊微笑计划　178

第四部分　**成长周期第四阶段：规模化**

第 11 章　**法则 11：维护你的文化**　183

亚马逊的领导力原则　188

亚马逊的职场文化　191

牢记初创岁月的好处　193

第 12 章　**法则 12：专注于高标准**　199

“挑刺者”和三个问题　202

为使第三方保持高标准而投资　208

要求非亚马逊人也保持高标准　209

对高标准进行投资的整体性做法　211

第 13 章 法则 13：衡量重要的事情，质疑你所衡量的内容，并且相信你的胆识 215

数据决定运营决策 217

衡量重要的事情 220

质疑你所衡量的内容 223

相信你的胆识 224

不要篡改客户的数据 225

第 14 章 法则 14：相信永远都是第一天 227

抵制形式主义 231

积极拥抱外部趋势 232

速度比完美更重要 233

像初创公司一样行动和思考 234

第五部分 像贝佐斯一样思考

第 15 章 风险与成长的思维 241

贝佐斯如何发展风险与成长思维 246

更快的马 252

结　语　**超越亚马逊** 255

附录 A　**2018 年致股东的信** 265

附录 B　**亚马逊常用术语** 277

参考文献 283

前 言

# 贝佐斯致股东的信与14条增长法则

> 我们优先选择增长，因为我们认为扩大规模对于发挥业务模式的潜力至关重要。
>
> 1997年致股东的信

几年前，我参加了一个产业工作小组，该小组专门对“风险”不断变化的性质进行调查研究。当我偶然读到亚马逊创始人贝佐斯在过去的21年中每年写给股东的信之后，我开始研究“商业中的风险”这一主题。

在过去40年的大部分时间里，我一直都在向各种规模的企业学习，而且总是透过文字表面去体会其根本含义，去了解企业成功和失败之间的差异。我在研究这些致股东的信时，脑海中开始浮现关于亚马逊经营模式的想法。我意识到贝佐斯实际上通过他致股东的信清晰地阐明了亚马逊是如何成为增长最快的公司的。甚至有人说，亚马逊是世界上最成功的公司。

随着时间流逝，我在分析和研究贝佐斯致股东的信的过程中发现，信中显然存在着可以帮助任何行业中任何企业的一整套成长周期和 14 条增长法则。而且更加明确的是，你不需要拥有几十亿美元就能去实施这些法则。亚马逊在成立之初也没有几十亿美元，贝佐斯实际上是以向父母借的 30 万美元起家的。大多数法则都不用你花一分钱就能实现。你在硅谷、纳什维尔（Nashville）、伦敦或得梅因（Des Moines）这些城市所做的任何一门生意中都可以实施它们。你可以轻松地将它们应用于科技公司、比萨店或非营利组织。

起初，我有些惊讶地发现，仅这 14 条增长法则就足以使亚马逊成为一家市值万亿美元的公司。我孜孜不倦地寻找更多秘诀，但每一个秘诀都恰好符合 14 条增长法则中的某一项或多项。而且，就像大多数具有影响力的想法一样，当你真正体会到这 14 条增长法则的魅力时，你会觉得它们其实非常简单，但肯定也不会过于简单。

你不需要任何高等学位或庞大的团队就可以实现这些目标。我相信每个企业主在学习了这些法则之后，都可以立即开始运用这些法则，即使你对自己或自己的业务一无所知。我已经与上市公司和私营企业合作了几十年，其中没有一家是不能立即开始运用这些法则的。不管是跨国公司、个体从业者，还是像当初亚马逊一样的初创公司，都无一例外。如果你要像亚马逊一样发展你的业务，第一步就是从贝佐斯致股东的信中所揭示的增长法则开始学起。在展开说明一切之前，我要申明：这些并非贝佐斯或亚马逊所声称的法则，而是我在研究贝佐斯致股东的信时所提炼出的法则。

贝佐斯致股东的信中记录了亚马逊在市场中的定位和发展。初读贝佐斯致股东的信，会觉得非常有趣，可以借机了解亚马逊这家世界上最成功的公司之一。但是，如果你更深入地阅读这些信，把其作为一个完整的故事，而非 20 多篇独立的年度信函来看，亚马逊的商业模式就会从中浮现出来。你在了解了亚马逊的业务和每封信的全球背景之后，再阅读这些信，会发现更多的内容，而且这些内容都可应用于今天的商业模式之中。

我阅读了 1997—2018 年间的 21 封致股东的信[2]，仔细分析了贝佐斯叙述的亚马逊在 1997—2018 年间的经营思路，以及亚马逊实现惊人增长的原因。我还辨别了哪些方法有效、哪些方法无效。我反复阅读、研究并剖析了每一封信的每一行文字，以了解贝佐斯如何在 21 年间将一家在线书店打造成一家市值达万亿美元的公司。

你可能会问，是否一开始贝佐斯的大脑中就有这些增长法则，他就是从此入手开始发展业务的？好吧，是，也不是。说不是，是因为贝佐斯从来没有明确提出这些法则。它们来自我对贝佐斯致股东的信的研判和分析。显然，因为他没有把这些法则形成文字，所以他也没有把它们写出来或挂在办公室墙上。他在办公室里突出展示的是亚马逊领导力原则，我已将其纳入“亚马逊增长法则 11”。亚马逊官网上提出：

> 亚马逊领导力原则是亚马逊员工每天都在追求的一套标准。它们在我们的企业文化中根深蒂固。亚马逊的员工之所以喜欢这些原则，是因为这些原则清楚地说明了我们看重的各种行为。员工几乎每天都会听到我们提及亚马逊领导力原则，因为它们简洁明了地告诉我们如何做正确的事情，它们是我们在这里工作的通用方法。[3]

想必大多数人都赞同，一家公司若没有强大的领导力，是无法将其潜力发挥到极致的。领导力是企业业务增长的核心，并深深扎根于亚马逊。贝佐斯从创业伊始就一直有意识地鼓励在亚马逊的各个领域内发展领导力。但是商业领导力与业务增长不同。因此，我相信贝佐斯是一开始就从增长法则入手开展业务的。与他明确指出的亚马逊领导力原则不同，他没有提出这些增长法则，但是从他致股东的第一封信开始，我就发现这 14 条增长法则实际上是亚马逊实现增长的核心原因。它们是贝佐斯凭直觉获知的，来自他的个性和商业经验。

你同样也能使用这些法则来发展你的业务。但是我要明确指出，尽管你的公司有可能成为下一个亚马逊，可是这不是本书的目的。贝佐斯实际上正在提前规划以免亚马逊最终被人取代，但那是另一回事了。我建议，你应该了解亚马逊如何用14条增长法则来实现增长，思考可以将哪些法则应用于你的企业或组织之中，以及如何扩展这些法则，让自己能像亚马逊那样抓住行业发展的先机。

## 成长周期和增长法则

当我研究贝佐斯致股东的信时，我意识到这些增长法则可以归类为不断重复的不同成长周期：测试、构建、加速和规模化。贝佐斯几乎将这些法则应用于每一次的努力，把它们落实到每一个领域。

以下3条法则帮助亚马逊通过战略测试发展自身：

- 鼓励“成功的失败”
- 押注大梦想
- 实践动态的发明与创新

以下3条法则帮助亚马逊构建未来：

- 痴迷于客户
- 运用长期思维
- 了解你的“飞轮”

以下 4 条法则帮助亚马逊加速增长：

- 生成快速决策
- 化繁为简
- 以技术换时间
- 提升所有权意识和主人翁精神

以下 4 条法则帮助亚马逊实现规模化：

- 维护你的文化
- 专注于高标准
- 衡量重要的事情，质疑你所衡量的内容，并且相信你的胆识
- 相信永远都是第一天

尽管许多企业主都熟悉“测试”、“构建”、“加速”和“规模化”这些术语，但在贝佐斯致股东的信中，它们具有不同的含义。亚马逊进行的测试、构建、加速和规模化与一般企业的做法最大的不同，就是亚马逊不会将这些词语视为学术术语，而是将这些词语纳入亚马逊的日常规划过程，就像贝佐斯故意冒险一样。

贝佐斯认为企业总是不断变化和发展的。成长中的企业不断地在测试、构建、加速和规模化。在找到其中行之有效的方法后，你便会反复使用它们。

## 贝佐斯致股东的第一封信

贝佐斯在1997年写了致股东的第一封信。贝佐斯每个年度致股东的信通常在次年的4月发出。对于初创的亚马逊而言，这是点燃企业热情的“第一天”，开启了所有的兴奋和承诺。自此，亚马逊开始为客户提供超出其预期的、领先的产品和服务。

但他1998年写致股东的信时，在信末重提了1997年致股东的信。他在1999年致股东的信中同样又重提了1997年致股东的信。接着之后的每一年，他总是会重忆1997年致股东的信。这非常有意思。

随着时间的流逝，每封致股东的信的结束语都保持不变，只是更加简洁：

> 一如既往，我附上我们1997年致股东的信的副本。依然是第一天。

当我再一次查阅21年间所有贝佐斯致股东的信，看到亚马逊飞速的增长时，我想知道为什么他持续地引用他最初提到“第一天”一词的1997年致股东的信。我总结出了三点。

第一，1997 年致股东的信的关键点是亚马逊对致力于长期发展的承诺。贝佐斯不想接受那些只想短期投资并快速捞上一笔的投资者。他专注于长期的竞争。他建设亚马逊的目标，是能跟自己的孙辈们自豪地介绍这家公司，尽管那时他还没有孙辈。

第二，1997 年致股东的信传达了他对这家公司的热情以及成功和持续发展业务所必需的创业精神，例如，对客户的痴迷和从客户的需求出发不断进行创新与发明。这些就是保证业务成功的精神要素，这些要素被他亲切地概括为“第一天精神”。

第三，风险的概念总是以某种方式存在的。贝佐斯在 1997 年致股东的信的开头谈到未来以及未来的需要，他非常清楚地说：“该战略并非没有风险……”他还谈到了增长挑战、运营风险以及产品和地域扩张的风险。可以说，在努力快速增长的过程中，每一阶段都充满了风险。然而，在所有增长挑战和风险中，贝佐斯清楚亚马逊的核心价值：客户至上。正如我所说，亚马逊领导力原则是亚马逊文化不可分割的一部分。这些原则没有先后之分，但是都从痴迷于客户开始，亚马逊增长法则当然也不例外。[4]

你由此会知道痴迷于客户是业务增长的起点，因为业务始终与客户有关。但是，从这个起点开始，领导力和业务增长开始偏离。为了发展业务，你必须牢记以终为始，但是最终的结果与纯粹专注于客户不同。

**亚马逊领导力原则**

**客户至上**

**领导者从客户出发，以终为始地逆向工作。他们努力工作以赢得并保持客户的信任。尽管领导者关注竞争对手，但他们仍然优先考虑客户。**

简而言之，领导力原则的关注点是人，增长法则的关注点是整个企业。当然，二者存在重合，但是领导力原则适用于员工的工作方式，增长法则适用于企业或组织的工作方式。所以，增长法则的清单结束于“第一天”，而不是开始于“第一天”。为了发展业务，你需要走过一个又一个完整的成长周期。

当我浏览贝佐斯在 1997—2018 年这 21 年间发布的所有致股东的公开信时，我还意识到了一些非同寻常的事情。在确定了成长周期和 14 条增长法则是亚马逊按它特有的路径成长的核心原因之后，我进一步地审视信件，发现 14 条增长法则都以某种形式出现在了 1997 年致股东的信中。在我看来，这就是他不断回顾并反复引用这封初始信件的原因之一。

现在你可能会怀疑，我从未在亚马逊或为亚马逊工作过，我有什么资格写这本书？有时，局外人可以提出内部人无法提出的观点，而且实际上，我是透过与他人完全不同的视角，也就是风险有益的视角来看待亚马逊的增长的。

我一直是一个业务和风险分析师。我的视角贯穿了保险行业，我曾是保险业的技术顾问和一个未来主义者，致力于帮助各种规模的企业，并从公司方和消费者方的角度来评估和管理他们的风险，其中公司方提供保险，消费者方需要保护。这就是我阅读贝佐斯致股东的信时的心智模式，同时，我发现了贝佐斯在过去的 21 年一直都在战略性地利用风险并从中获益。

尽管我强烈建议人们花时间阅读贝佐斯这 21 年致股东的信，因为这些信中充满洞见，可惜大多数人都不会这样做。因为许多人感到读完所有这些信是很有挑战性的事，因此我不会在此把这些信一一列出。但是在本书中，我将引用信中的各种内容和观点来证明或支持我提炼出的成长周期和 14 条增长法则。经过艰苦的努力，我提炼出了你需要了解的内容。我可以明确地说，这 14 条增长法则中的每一条都是独立运作的，但都不是孤立运作的。事实证明，亚马逊为建立今天的公司所做的一切，都以这些法则的某种方式体现出来。以下是我对你阅读本书并且充分利用本书的建议。

- 你先熟悉我从贝佐斯致股东的信中推导出的成长周期和 14 条增长法则。这样你可以大致了解接下来的内容。

- 接下来，阅读贝佐斯 1997 年致股东的信。那是他写给股东的第一封信，也是他在以后每年致股东的信中会引用的内容。这是他如何进行思考以及为什么这样行事的关键。当你阅读他 1997 年致股东的信时，你会看到我在信中标示了所有增长法则。增长法则在这些致股东的信中没有先后顺序，但是都存在于这些信的字里行间。

- 之后，你会看到我将本书按成长周期的不同阶段区分了对应的增长法则。后文详细地描述了这些法则，包括贝佐斯的金句、亚马逊的故事以及他们在开始、成长、失败、重新组合并演变为今天的亚马逊的过程中所汲取的经验教训。每章的末尾有两三个简短的问题。你要花点时间考虑一下答案，因为我们所需要的是一个可以带来巨大增长的新想法。

- 在对 14 条增长法则进行讨论之后，我为你呈现了 2018 年致股东的信并在信中相应的地方标注了相关的法则。相信当你读到那里时已经熟悉了 14 条增长法则，那么你就会发现它们一直以某种方式存在。

- 如果你跳过了序言，请返回去阅读，我在序言中明确了贝佐斯是如何看待风险的。如果你阅读了序言，就会知道战略型风险对于让你的公司像亚马逊一样成长是至关重要的。

在我们开始阅读之前还有一件事。我希望当你了解成长周期和 14 条增长法则时，你会开始理解为什么它们居然藏身在这些我们一览无余的信中。最后当你阅读 2018 年致股东的信时，你可能会在与我发现的地方不同之处找到这些法则。

这就是我对你阅读本书的希望，我希望你能够从风险有益的角度看待事物，并在自己的企业中实施这 14 条增长法则。

现在，我们会问，亚马逊是完美的公司吗？回答是：不是。贝佐斯是完美的人吗？回答是：不是。你可能喜爱亚马逊或讨厌它，你可能喜爱贝佐斯或讨厌他，你对亚马逊和贝佐斯有什么样的看法都可以。但出于本书的目的以及对你未来业务增长的帮助，请你暂且放下对亚马逊和贝佐斯的看法，然后退后一步，从近乎万米的高空俯瞰贝佐斯和亚马逊，看看他们为尽力确保其作为全球年销售额最快达到 1 000 亿美元的公司的历史性地位，究竟做了些什么。

引　言

# 贝佐斯 1997 年致股东的信
## （安德森加注 14 条增长法则）

致我们的股东：

亚马逊在 1997 年超越了多个里程碑：到年底，我们已经为 150 万客户提供了服务，销售额达到 1.478 亿美元，增长了 838%，尽管现在很多企业进入在线业务领域导致市场竞争异常激烈，但我们仍然强化了我们的市场领导地位。

不过，这对于互联网来说只是“第一天”**[法则 14：相信永远都是第一天]**，如果我们能够妥善地执行业务规划，那么这也是亚马逊的“第一天”。如今，电子商务为客户节省了开支和宝贵的时间。未来，电子商务将个性化加快探索的过程 **[法则 3：实践动态的发明与创新]**。亚马逊利用互联网为客户创造了真正的价值，即使在大型的成熟市场中，也希望创造一种持续的专营权。

随着更大的商家调配资源来寻求电子商务机会，以及有意愿与对在线购物尚未熟稔的新客户建立新的关系，我们拥有一个机会窗口期。整个行业的竞争态势一直在持续快速变动。许多更大的商家已经通过提供可靠的产品进入在线市场，并投入了大量的精力和资源来提高其知名度、流量和销售额。我们的目标是迅速采取行动，巩固和扩大我们目前的优势地位［**法则 2：押注大梦想**］，同时我们开始在其他领域寻求电子商务机会。我们在目标市场中看到了巨大的市场机会。这种战略并非没有风险，它针对市场上既有的领先企业，需要进行大量投资，干脆利落地执行。

## 长期即一切

一切战略都是长期战略。我们相信，衡量我们是否成功的一项基本标准，将是我们长期为股东创造的价值［**法则 5：运用长期思维**］。我们扩展市场和巩固当前市场领导地位的能力如何，将直接决定这一价值的高低。我们的市场领导地位越高，我们的商业模式就越强大。市场领导者的优势，可以直接转化为更高的收入、更高的盈利能力、更高的资本流动性以及相应更强的资本投资回报率。

我们的决策始终反映了这一重点。我们先根据最能代表我们市场领导地位的指标来衡量自己［**法则 13：衡量重要的事情，质疑你所衡量的内容，并且相信你的胆识**］：客户和收入的增长、客户复购产品的程度以及我们品牌的实力。我们已经投资并将继续积极投资，以扩大客户群基数，利用品牌和基础设施，建立持久的企业 **[ 法则 6：了解你的“飞轮” ]**。

因为我们着眼于长期目标，所以我们做出决定和权衡取舍的方式可能与其他一些公司不同。因此，我们希望与你分享我们基本的管理和决策方法 **[ 法则 7：生成快速决策 ]**，以便你——我们的股东，可以确认它与你的投资理念一致：

- 我们将持续地专注于我们的客户［**法则 4：痴迷于客户**］。

- 我们将继续从保持长期的市场领导地位出发来做出投资决策，而不是根据短期的获利能力或华尔街投资者的短期反应。

- 我们将继续运用理性分析方法来评估项目和投资的有效性，放弃那些无法提供可接受回报的项目和投资，并加大对最有效项目的投资。我们将继续从成功和失败中学习 **[ 法则 1：鼓励“成功的失败” ]**。

- 在我们认为极有可能获得市场领导优势的方面，我们将大胆而不是谨小慎微地做出投资决策。其中一些投资会有所回报，而有些则不会，但在这两种情况下，我们都将学到宝贵的经验。

- 如果一定要在让 GAAP（一般公认会计原则）会计报表显得好看[①]和让未来现金流现值最大化之间进行选择，我们会选择后者。

- 当我们在竞争压力允许的范围内大胆地做出选择时，我们将与你分享我们的战略决策过程，以便你可以评估我们是否在对长期领导力进行合理的投资。

- 我们将努力精简开支并竭力保持精益文化。我们明白持续强调关注成本的文化的重要性，尤其是对于还处于净亏损的企业来说。

- 我们将在对增长的关注与对长期盈利能力和资本管理的关注之间保持平衡。在目前阶段，我们优先选择增长，因为我们认为扩大规模对于发挥业务模式的潜力至关重要。

- 我们将继续雇用和留住复合型人才，并继续将他们的薪酬重点放在股票期权而不是现金上。我们是否能吸引和留住一批积极进取的员工将在很大程度上决定我们能否成功。员工中的每个人都必须以主人翁的身份思考，因此他们也必须实际上就是企业的所有者**[法则 10：提升所有权意识和主人翁精神]**。

① 这里指利润指标的最优化。——译者注

我们并没有那么大胆地断言以上才是正确的投资理念，但这些是我们的理念，如果我们对于自己已经并将继续采用的方法浑然不知，就是不负责任。

在此基础上，我想回顾一下我们的业务重点、在 1997 年取得的进步以及对未来的展望。

## 客户至上

从一开始，我们就一直致力于为客户提供其无法拒绝的高价值。我们意识到，Web 曾经是，现在仍然是“全球等待”（World Wide Wait）阶段，还有很大的潜力未被开发。因此，我们着手为客户提供他们从其他途径无法获得的服务，从向他们提供图书开始。我们为他们提供的选择要比实体店多得多，如果铺开亚马逊上的所有商品，将占用 6 个足球场，我们还以有用、易于搜索和易于浏览的方式进行展示 **[法则 8：化繁为简]**，我们线上商店提供每年 365 天、每天 24 小时不间断的服务 **[法则 9：以技术换时间]**。我们一直致力于改善购物体验，并在 1997 年大幅改版提升了我们线上商店的购物体验。现在，我们为客户提供礼券、一键式购物以及评论、内容详情、浏览选项和推荐功能。我们大大降低了价格，进一步提高了客户价值。口碑营销仍然是我们拥有的最强大的客户获取工具，客户对我们十分信任，我们对此深怀感激。复购和口碑营销相结合，使亚马逊成为在线图书销售的市场领导者。

从很多指标上看，亚马逊在 1997 年取得了长足的发展：

- 销售额从 1996 年的 1 570 万美元增长到 1.478 亿美元，增长了 838%。
- 累计用户数从 18 万增加到 151 万，增加了 738%。
- 回头客的订单比例从 1996 年第四季度的 46%以上增加到 1997 年同期的 58%以上。
- 在受众数量方面，根据媒体矩阵（Media Metrix）计算，我们的网站排名从第 90 位升至前 20 位。
- 我们与许多重要的战略合作伙伴建立了长期关系，其中包括美国在线（America Online）、雅虎、Excite 搜索引擎、网景、GeoCities①、远景（AltaVista）、@Home 和 Prodigy。

## 基础设施

1997 年，我们努力扩展业务基础架构，以支持快速增长的流量、销售量，服务水平的提升：

---

① 在互联网早期，为个人用户提供个人网页的服务。——译者注

- 亚马逊的员工人数从 158 人增加到 614 人，同时大大强化了管理团队。
- 配送中心的容量从约 4 600 平方米增加到约 2.6 万平方米，其中包括西雅图配送中心扩建的 70% 的面积以及 11 月在特拉华州启动的第二个配送中心的面积。
- 到年底，存货增加到 20 万种，我们能够为客户提供更多选择。
- 得益于 1997 年 5 月的首次公开募股（IPO）以及 7 500 万美元的贷款，我们到年底的现金和投资余额为 1.25 亿美元，因此我们选择更具灵活性的战略。

## 我们的员工

1997 年的成功是由才华横溢、聪明且勤奋的员工组成的团队的成果，我为自己是这个团队的一员而感到自豪。我们在招聘过程中，高标准要求 **［法则 12：专注于高标准］** 一直是并将长期坚持的一项工作，因为这是亚马逊成功的最重要的因素。

在这里工作并不容易。当我面试应聘者时，我告诉他们："你或许能长时间工作，或者工作很努力，抑或是在工作中表现得很智慧，但在亚马逊，你必须同时具备这三点。”但是我们正在努力打造一些对我们的客户来说重要的东西 **[法则 11：维护你的文化]**，一些我们可以分享给子孙后代的东西。这绝非易事。我们非常幸运地拥有一群敬业的员工，他们用奉献精神和热情成就了亚马逊。

## 1998 年的目标

我们仍处于学习如何通过电子商务和商品销售为客户创造新的价值的早期阶段。我们的目标仍然是继续巩固和扩展品牌影响力与客户群。所以，我们要在系统和基础架构上持续地投入，在企业成长的同时为客户提供更多的便利和可选择的更好的服务。我们正计划添加音乐产品，随着时间的流逝，我们相信其他产品也可能成为我们的投资对象。我们还相信，我们有相当多的机会可以更好地为海外客户提供服务，例如，缩短交货时间和更好地定制化客户体验。毫无疑问，对我们而言，主要的挑战将不在于寻找扩展业务的新方法，而在于如何对投资进行优先级排序。

与亚马逊成立之初相比，我们现在对电子商务了解得更多了，但是还有很多东西要学习。尽管我们很乐观，但必须保持警惕和紧迫感。为实现我们对亚马逊的长期愿景，我们将面临的挑战和障碍包括：进取、实力和资金方面的竞争，不断增加的挑战和执行风险，产品和地域扩张的风险，以及需要大量持续的投资来满足不断扩大的市场机会。但是，正如我们早已说过的那样，在线图书销售和整个电子商务将被证明是一个非常巨大的市场，许多公司都会看到巨大的利益。我们对自己所做的事情感到满意，对我们将来要做的事情更感到兴奋。

1997 年确实是不平凡的一年。我们对客户的信任、对团队成员的辛勤工作以及对股东的支持和鼓励，都深怀感激。

杰夫·贝佐斯

亚马逊创始人兼首席执行官

法则 1：
鼓励“成功的失败”

法则 2：
押注大梦想

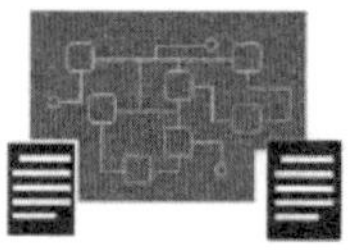

法则 3：
实践动态的发明与创新

# 第一部分

# 成长周期第一阶段：测试

在亚马逊，测试是一种工作方式。这意味着鼓励所有团队成员进行创新，以改善亚马逊的业务方式。如果某次测试没有成功，团队成员并不会因此受到惩罚，相反，他们会受到鼓励，去查找不成功的原因，并从中学习。

当测试行之有效并具有巨大潜力时，亚马逊就会下大赌注。他们为每个员工提供了在各个层面上进行创新的工具。测试让亚马逊成为一个极富创造力的组织。

但是，究其实质，测试无法避免冒失败的风险。大多数企业将失败视为应避免的风险，贝佐斯则不这么看。

第 1 章

# 法则 1：鼓励“成功的失败”

我在亚马逊网站经历的失败，使我赔了几十亿美元，那真的称得上是价值数十亿美元的失败。你可能还记得曾经发展得很好后来不幸失败的 Pets.com 或 Kosmo.com。那感觉就像是在没有麻醉的情况下进行牙根管治疗一样。这些经历没有一次是让人开心的。但是，它们也没什么大不了的，我们全都挺过来了。

——贝佐斯

2014 年《商业内幕》

（*Business Insider*）杂志的 IGNITION 会议[5]

为什么贝佐斯居然会说数十亿美元灰飞烟灭也没什么大不了呢？要回答这个问题，先得了解他如何赚到了那几十亿美元。

贝佐斯很早就发现，除非你敢于冒险、敢于投资风险，并有意识地创造失败的机会，否则你就不会成长得足够强大，也不会考虑得足够深远。然而，大多数人和企业认为失败是要不惜一切代价避免的事情。但是，如果你不愿意冒失败的风险，那么你将永远无法像亚马逊那样成长。如果失败并不总是一件坏事，那会是什么让失败变得“成功”呢？简而言之，“成功的失败”是你从失败中学到的东西以及如何应用它们，而这将使一切与众不同。

## “阿波罗 1 号”的灾难

当贝佐斯还是一个小男孩儿的时候，他就迷恋上了外太空，所以他从小就会思考关于风险的问题。这段经历初看起来似乎与亚马逊如何成长毫无关系，但从中体现了贝佐斯是怎样的人以及他为什么会这样思考。

贝佐斯出生于 1964 年，恰是美国探索太空的初期。他在高中毕业演讲中就谈到了太空旅行和空间探索。他对航空航天的痴迷可以追溯到很久以前。在贝佐斯童年时期，NASA（美国国家航空航天局）在执行阿波罗计划的过程中，发生了两个重大事件，它们分别展示了什么是真正的失败和“成功的失败”。实际上，这两个事件所带来的教训，比起我找到的其他资料更能帮助我理解贝佐斯对风险的看法。

让我们重回 NASA 的初始岁月。在 20 世纪 60 年代初，NASA 分别创建了水星计划、双子座计划和阿波罗计划，其最终目标是使人类登上月球并安全返回地球。但是第一次尝试，“阿波罗 1 号”却是一场令人心碎的悲剧。

1967 年 1 月 27 日，卡纳维拉尔角，“阿波罗 1 号”在发射前的测试中失火。迅猛的火势席卷了整个指挥舱，飞行指挥官弗吉尔·“格斯”·格里索姆（Virgil “Gus” Grissom）和他的同伴埃德·怀特（Ed White）、罗杰·查菲（Roger Chaffee）不幸罹难。

火灾发生后，NASA 立即成立事故调查委员会以查找事故原因。最终确认，火灾是电路导致的，由于指挥舱内充满可燃尼龙材料和高压纯氧，火势迅速蔓延。此外，由于指挥舱内部压力较高，无法打开舱门，宇航员的救援受阻。由于火箭未加注燃料，因此发射前测试被认为是没有危险的。救援工作还因不到位的应急准备而受阻。后来还确定，舱内充满有毒气体、烟雾和火焰，宇航员死于窒息。

全世界都震惊了，无不感到悲伤。

尽管 NASA 和所有宇航员都非常清楚，尝试以前从未尝试过的事情时可能发生风险，但仍然有很多人为此懊悔不已。许多人想知道登陆月球的探索是否就此结束了，因为付出的代价太高了。

“阿波罗 1 号”的灾难深深地震撼了 NASA。纪录片《控制中心：阿波罗的无名英雄》（*Mission Control: The Unsung Heros of Apollo*），详细叙述了这幕恐怖的悲剧。克里斯・克拉夫特（Chris Kraft）担任飞行运营总监，吉恩・克兰兹（Gene Kranz）担任飞行总监。悲剧发生后的星期一早上，克兰兹召集了飞行控制小组的一次会议，其中包括政府官员、管制员和航天器承包商。他们都被这次失火事故深深困扰，一直在积极寻找事故的原因。会议开始时，克兰兹重述了一遍事故的已知事实，然后宣布了新成立的调查委员会和由兰利研究中心（Langley Research Center）主任弗洛伊德・汤普森（Floyd Thompson）领导的调查小组。

克兰兹后来说，他的感觉已经从震惊变成了纯粹的愤怒。

之所以愤怒，是因为飞行控制部门以某种方式辜负了航天员们。他说，他们对于航天员们的遇难都负有责任，因为他们没有做好自己的工作。然后克兰兹讲了他的一些看法，现在这些话称为“克兰兹格言”[6]：

> 太空飞行永远不会容忍粗心、无能和疏忽。我们在某方面以某种方式搞砸了。事故原因可能是在设计、制造或测试阶段。无论在哪个阶段，我们都应该找到它。
>
> 我们对进度太在意，无视每天在工作中发现的所有问题。整个过程的每个细节都遇到了麻烦，我们也深陷其中。模拟器无法正常工作，任务控制在几乎每个区域都落后，而且发射和测试程序每天都在变化。我们所做的一切都没有任何期限。然而，我们当中没有一个人站起来说：“该死，停下来！”
>
> 我不知道调查委员会将找到什么原因，但是我知道我发现了什么。我们就是原因！我们还没准备好！我们没有做我们该做的工作！我们就像是在掷骰子，指望在发射日之前一切顺利，那时我们内心深知这是一个不可能出现的奇迹。我们一直赶进度，还打赌发射场会比我们更早出问题。
>
> 从今天开始，我们将用两个词来要求飞行控制部门：坚韧和称职。坚韧，意味着我们永远对自己的行为或未能完成的行为负责。我们将永远不会在自己的责任上再有任何妥协。每次我们进入任务控制系统时，都要铭记自己的职责。称职，意味着我们将永远不会把任何事情视为理所

当然。我们将永远不会在我们的知识和技能上有任何缺失。任务控制将是完美的。

当你今天结束会议回到办公室后，要做的第一件事，就是在黑板上写下“坚韧和称职”。永远不要擦掉它。每天当你走进办公室时，它都会使你想起格里索姆、怀特和查菲所付出的生命的代价。它是进入控制中心所付出的代价。

控制中心的内部通信操作员埃德·芬德尔（Ed Fendell）说：“我认为悲剧改变了我们所有人看待自己、看待我们所做的事情以及迈向未来航天的整个态度。”

克里斯·克拉夫特说：“我和其他许多人的看法是，如果那件事没有发生，我们永远也不会登上月球。火灾发生后的那段过渡时期，是我们唯一的救命稻草，因为我们能够退后一步问：‘究竟哪里出错了？我们做什么才能搞定它？’而且那时NASA整个组织上下一心致力于解决问题。如果这些事情都没有发生，我们永远都不会到达月球。”[7]

## 人类迈出的一大步

在失火事故之后的20个月内，NASA没有再执行载人飞行。由于从“阿波罗1号”悲剧中吸取了很多教训，NASA做了坚实的努力，一定要让太空飞行更加安全。

1968 年 10 月，NASA 恢复了载人飞行，“阿波罗 7 号”测试了重新设计的指挥舱，“阿波罗 8 号”执行了在月球轨道上飞行月球舱的任务。

1969 年 7 月 20 日，宇航员尼尔·阿姆斯特朗和巴兹·奥尔德林执行了“阿波罗 11 号”的飞行任务，这是人类历史上第一次在月球上行走。

## “休斯敦，我们有麻烦了……”

随着阿波罗计划的推进，这一计划取得了进展。尽管也持续地面临着风险，但是 NASA 应对这些风险的策略已经发生了重大变化。

1969 年 11 月，“阿波罗 12 号”成功降落在月球上之后，NASA 的任务似乎回到了常规。在美国公众看来，进入太空、登陆月球已经不再是几个月前的非凡事件了。

然后，在 1970 年 4 月，“阿波罗 13 号”登月任务刚刚开始执行仅两天，就发生了意想不到的灾难。“阿波罗 13 号”任务由吉姆·洛弗尔（Jim Lovell）指挥，指挥舱飞行员是杰克·斯威格特（Jack Swigert），登月舱飞行员是弗雷德·海斯（Fred Haise）。飞行器由两个独立的航天器组成，并通过一条管道连接：一个航天器名为“奥德赛”，是位于服务舱顶部的指挥舱；另一个航天器名为“鹰”，是 LEM-月球旅行舱。

在例行程序中，服务舱的第二个氧气罐爆炸，严重破坏了向机组人员提供生命支持的舱体。他们立即通知了任务控制部门：“休斯敦，我们有麻烦了……”这句话后来成为很多人都听过的话。

宇航员处于致命的危险中，登陆月球的原任务被终止了，新任务变成了让宇航员重返家园。三名宇航员放弃了指挥舱，退回登月舱的狭小空间内，以节省能源和氧气。同时 NASA 则在任务控制部门赶制一项计划。基于先前的部分经验和他们从“阿波罗 1 号”的悲剧中学到的知识，他们想出了一种让宇航员返回地球的方法。

“阿波罗 1 号”飞行总监吉恩·克兰兹完成了此次将宇航员带回地球这个紧张至极且风险奇高的任务。显然，太空的资源有限。他们必须利用手里有的资源，但是要以不同的方式使用它们，而不是以其设计的方式来使用它们。幸而 NASA 能够根据他们从“阿波罗 1 号”灾难中学到的知识，迅速做出响应并提出新的解决方案。

在痛苦不堪的三天里，NASA、航天器供应商和其他部门的人昼夜不停地工作，洛弗尔、斯威格特和海斯终于在 4 月 17 日安全返回地球。洛弗尔写的书《迷失的月亮》（*Lost Moon*）中记录了一个场景，当“阿波罗 13 号”返回舱坠落在海洋中，宇航员看到水从舷窗外流下时，洛弗尔悄声宣告了任务的结束：“伙计们，我们回到家了。”

在这个非凡的故事中，引起我注意的是洛弗尔说的这样一段话。

罗恩·霍华德（Ron Howard）导演的出色影片《阿波罗13号》，由汤姆·汉克斯饰演洛弗尔。他从太平洋中被救起后，走下救护直升机，登上了“硫黄岛号”航空母舰的甲板。后来他在做最终总结时说“阿波罗13号”任务将成为NASA最“成功的失败”。他说：

> 我们的任务被称为“成功的失败”，因为我们安全返回，却从未登上月球。在接下来的几个月中，我们确定了事故原因，在我们的低温搅拌过程中，氧气罐内内置的受损线圈迸发了火花并引起爆炸，进而破坏了奥德赛航天器。这是一个小缺陷，甚至是发生在我被任命为飞行指挥官的两年之前……
>
> 对我来说，在“阿波罗13号”上非凡的7天是我在太空中的最后几天。（我看着其他人从任务控制区或者在休斯敦的家里出发），去月球上行走一番，然后安全返回。有时，我抬头仰望月球，回想起漫长航行中命运的变化，想到曾有成千上万人努力将我们三个人带回地球。我抬头看着月球，心中满是迷惘。我们什么时候再去呢？又会是谁能再回去呢？

## 将“成功的失败”纳入商业模型

贝佐斯热爱太空。他想成为重回太空的人之一吗？答案是肯定的，并且他显然将相同的“成功的失败”法则应用于他的企业策略中。

风险不容小觑，而贝佐斯也从不轻视风险。与NASA所面临的情况一样，亚马逊在许多情况下确实面临生死攸关的风险。但是，失败的过程以及从失败中学习的过程，正是可以进行深入学习的好机会。

从他致股东的信和在其他场合所发表的言论看，贝佐斯深信“成功的失败”这一概念。他认为学习过程非常重要，所以有意识地将失败纳入其商业模式。如果他尝试了一些方法并且成功了，那就太好了。但是，如果他进行了一些尝试，却没有奏效，他不仅会继续寻找使之可行的方法，而且还会让尝试富有价值。

2014年12月，贝佐斯接受了《商业内幕》杂志联合创始人兼出版商亨利·布洛杰特（Henry Blodget）的采访，他谈到了失败在亚马逊中的作用。他告诉布洛杰特：

> ……我的工作之一，就是鼓励人们大胆创新。这出人意料地难。从本质上来说，测试往往容易失败。但是，只要有几项重大的成功，就足以弥补之前许多无效的尝试。[8]

换句话说，贝佐斯从一开始就知道许多测试会失败，但他还是在商业模式中设置了测试。他还认为，风险和失败对业务增长至关重要。他在 2014 年《商业内幕》杂志的 IGNITION 会议中说：

> **那些不会继续尝试的公司，那些拒绝接受失败的公司，最终会将自己置于绝境，他们唯一能做的就是在公司即将倒闭的关头向上天求救。认识到这一点是非常重要的。敢于冒险的公司最终会胜出。哪怕下的赌注比较大，只要不是将整个公司作为筹码，总会胜出。我不相信赌掉整个公司的孤注一掷。那么做，只是说明你已经绝望了，那是你能做的最后一件事。**

有太多的公司只有当一切顺利时才能生存下去。如果出现问题，现金流变少，资金紧张，就必须舍弃一些东西。某些企业不堪一击，甚至只是遇到微不足道的小风波，就濒临倒闭。而亚马逊将“失败”成本纳入预算，以便能够灵活地将资源分配给他们知道可能会失败的许多事情。少数成功的收益不仅可以弥补多个失败的损失，而且可以使亚马逊从失败中吸取教训并以此为基础，从而使其他工作取得成功。

亚马逊的研发部门实质上是整个公司，包括贝佐斯在内的每个在亚马逊工作的人。

## 亚马逊最成功的失败

亚马逊连续两次经历了失败，损失了大量资金，但这两次失败是“成功的失败”。

第一次失败，是 1999 年亚马逊与 eBay 竞争。亚马逊尝试推出拍卖服务，尽管较 eBay 有一些改进，但其实是在与 eBay 艰难地抗衡。亚马逊拍卖确实吸引了许多卖家和一些买家，但最终它败给 eBay。甚至贝佐斯在接受布洛杰特的采访中也指出，亚马逊拍卖“做得不好”。

尽管有很多因素导致了它的失败，但许多人一致认为，其中一大因素是消费者很不习惯在亚马逊上竞拍产品。他们在亚马逊购物时，期望产品的价格是固定且比较低的。价格确定性的需求对亚马逊客户很重要。此外，在 eBay 官网购物的人与亚马逊客户相比有不同的购物心态。他们愿意竞拍物品，尤其是独特的物品，即使最终没有买下这件物品。也就是说，消费者习惯在 eBay 竞拍物品，而在亚马逊购买产品。他们无法改变这种消费习惯。因此，像“在没有麻醉的情况下进行牙根管治疗”一样教训惨痛，亚马逊拍卖失败了。

于是，亚马逊放弃了拍卖模式，开始进行 zShops 测试，这是第二次失败。

zShops 是亚马逊的一项创造性尝试，目的是允许第三方卖家在亚马逊不断发展的大型平台上销售。允许其他卖家在亚马逊的平台售卖东西，对亚马逊来说是巨大的风险。借助 zShops，第三方卖家可以在亚马逊一个专属的页面上登录展示其产品，这个页面有独立的登录入口和搜索引擎。他们与亚马逊区分开，并要向亚马逊支付少量的使用费。但是客户不喜欢购买第三方卖家产品时所需的额外步骤，因此 zShops 最终失败而关闭。但是，在关闭 zShops 之后，亚马逊继续实践允许第三方在亚马逊上销售的想法，而且将之发展壮大成长为数十亿美元的生意，这就是亚马逊商城。

## 造成 1.78 亿美元亏损的 Fire 手机

从资金的角度来看，亚马逊最大的失败是 Fire 手机。这个项目导致亚马逊当年共损失 1.78 亿美元，其中仅一个财季就损失了 1.7 亿美元。

亚马逊在 Fire 手机上市时，与美国电话电报公司签订了独家合作协议，手机售价为 649 美元，仅适用于美国电话电报公司的客户。之所以称其为购物机，是因为它确实旨在帮助人们外出时在亚马逊官网上购物。

2014 年 6 月，贝佐斯宣布这款手机上市。当时它的配置还不错，比如在手机显示屏周围装有多个摄像头，从而产生了三维视觉效果。但是，这种动态视角功能似乎是一种鸡肋技术。1.78 亿美元的损失说明手机的销售非常疲软。

亚马逊曾试图提高 Fire 手机销售量，并在 2014 年 9 月增加了一种合约机业务，将合约机价格降低至 0.99 美元。同年 10 月，他们将非合约机价格降至 199 美元。但是销售情况依然令人失望，这反映了一个主要问题：没有人想要这种手机，也没有人买它。

2014 年 10 月，《财富》（*Fortune*）杂志刊发了一篇文章，亚马逊设备和服务高级副总裁戴维·林普（David Limp）在这篇文章中承认亚马逊在手机定价上顾此失彼。这篇文章还提到，亚马逊的 Fire 手机在亚马逊官网上获得的用户评价仅为两星。

Fire 手机是亚马逊以失败告终的大赌注之一，而且损失惨重。亚马逊在 2014 年向美国证券交易委员会提交的 10-K 年度报告中表示：“我们记录了与 Fire 手机库存评估和供应商承诺成本相关的费用，其中几乎所有费用均在 2014 年第三季度支出，即 1.7 亿美元。”

亚马逊对于 Fire 手机的官方立场是：“偶尔的脸着地摔跤也是工作的一部分（又称‘成功的失败’）。”那么，这到底是怎样的“成功的失败”？结果是，创建 Fire 手机的团队将从失败中学到的知识，应用于 Echo 硬件和 Alexa 中，获得了数十亿美元的收入。

## 从“成功的失败”走向成功

我们需要明确地知道，失败与无能或懒惰无关。实际上，亚马逊“对无能零容忍”。在亚马逊，尝试新的想法或方法时可能会失败，其他人不会大惊小怪。但是，亚马逊绝不会容忍未尽全力的情况。

亚马逊拥有 60 多万名称职的员工和一个可以放心大胆地创新的环境，谁知道会发生什么呢？亚马逊可能会是第一家登陆月球的私人企业。

### 像贝佐斯一样提问

**鼓励“成功的失败”**

Q1: 在公司里制定一个“容错”清单。你的公司是如何对待失败的？

Q2: 你上一次将失败作为案例研究来改善你的企业是什么时候？

Q3: 你可以在公司或企业中做些什么，来传达“失败是学习和改进的机会”这个理念？

# 第 2 章

# 法则 2：押注大梦想

经过 20 多年的冒险和团队合作，凭借着一路走来的好运，我们现在很高兴拥有了三个不离不弃的“生命伴侣”：亚马逊商城、亚马逊优选计划和亚马逊云服务。起初我们在这些项目上大胆下注，明智的人们经常担心它们无法奏效。但是，到现在，我们已经很清楚它们有多特殊，而我们拥有它们是多么幸运。

2014 年致股东的信

亚马逊商城于 2000 年 11 月正式推出，后来经历了飞速发展。在利用 zShops 启动第三方卖家的尝试失败后，亚马逊商城从 2000 年占亚马逊总销售额的 3%，增长到 2018 年的 58%。那么，亚马逊商城是如何成功的呢？

亚马逊商城与 zShops 最大的不同是，在亚马逊商城，第三方卖家的商品与亚马逊自营商品显示在同一页面上，供希望购买商品的人们挑选。此外，在亚马逊商城，每个商品对应一个列表，而 zShops 则是为每个卖家单独创建了一个商品列表。这一简单的改进，使第三方交易在各个方面都变得更加简单。客户不需要再换到不同的页面来比较同一产品的价格。

客户在亚马逊商城拥有了选择权：他们可以选择直接购买亚马逊自营商品，也可以选择从第三方卖家订购。如果第三方卖家的价格较低或者亚马逊自营商品缺货，那么亚马逊自营这笔交易便不能实现。这样，任何卖家都可以接触到亚马逊成千上万名日常客户。

通过精明的设计，虽然亚马逊自营商品的销售减少了，但亚马逊向参与该计划的第三方卖家收取了少量佣金。第三方卖家也乐于支付这笔佣金以使用亚马逊平台。这种做法卓有成效。如今，成千上万的个人卖家和大型企业同时在亚马逊商城出售产品。

但是，不是人人都可以在亚马逊商城上销售那么简单。每个商家都需要做好准备，以符合亚马逊的严格标准。亚马逊高度重视客户体验。如果你要成为亚马逊商城上的商家，你也需要同样以客户为中心，因为亚马逊将不惜一切代价保护其客户。如果做到这一点，客户就能轻松地从亚马逊商城的第三方卖家购买商品，亚马逊来之不易的地位也得到了巩固。

毫不奇怪，最初提出第三方卖家的想法时，亚马逊内部有很多人认为这是一个危险的想法。亚马逊为什么把非常有价值的黄金位置让给竞争对手？

但是，这就是亚马逊的聪明之处。亚马逊商城上的卖家向亚马逊支付费用，以获得接触亚马逊客户群的机会以及配送服务。卖家售出的每件商品的价格中平均约有 15% 是付给亚马逊的。而在亚马逊商城出售的商品中，有一半以上是来自第三方卖家，这个比例相当大。

贝佐斯也表示，亚马逊商城始于 1999 年，而到 2001 年年底，亚马逊商城的订单数量增长到其美国国内订单数量的 6%，“远远超出了我们启动亚马逊商城时的预期”。到 2018 年，亚马逊在全球范围内售出的 58% 的商品来自第三方卖家，这为亚马逊带来了数十亿美元的收入。

不可否认，亚马逊拍卖项目和 zShops 测试这两次“成功的失败”得到了回报。

## 押注亚马逊优选计划

2002 年，亚马逊提出了一个疯狂的想法，认为它可以永久改变人们的购物方式。贝佐斯在自己的车库创立亚马逊 8 年之后，显然意识到人们在线购物面临的最大障碍之一就是运输成本。在线购物为客户提供了许多便利。企业选择在不动产价格和运营成本相对较低的偏远地区设立仓库，减少管理费用。客户收到他们购买的产品需要支付的运费很贵，而且客户从心理上也不愿意付运费。

运费是亚马逊开展业务的最后一项主要障碍。通过展示产品图片以及推行免费退货政策，亚马逊克服了顾客无法触摸和感受产品的问题。而且，在亚马逊购物比开车去实体店买东西，实在方便太多了。但是，运费仍然使许多客户望而却步，这导致许多人继续在购物中心和当地百货商店购物。即使运费很少，许多人也不选择在线购物。

因此，贝佐斯和他的团队提出一个想法，可以对超过 25 美元的所有订单免费送货来克服这一障碍。这对亚马逊来说是一场巨大的赌博，毕竟运费并不便宜。同样，这也不是亚马逊可以控制的成本。亚马逊需要向联邦快递（FedEx）、联合包裹（UPS）和美国邮政服务（the United States Postal Service）等公司付款，才能向客户交付产品。一旦这些公司提高运费标准，那么亚马逊的成本可能会飙升。

亚马逊推出了超级省钱送货计划，选择当时最慢的运输方式，要求最低订购金额超过 25 美元，从而在一定程度上降低亚马逊下这个大赌注的风险。但是，这仍然是一场风险巨大的赌博。

消费者非常积极地响应了亚马逊的这项计划。亚马逊的客户开始往自己的购物车里添加各种商品，以超出 25 美元，而这通常需要购买不止一件商品。

三年后，免费送货十分普遍，亚马逊开始通过推出亚马逊优选计划对赌注加倍。

问题是：客户会为了享受免费送货服务而预付款吗？客户每年花 79 美元参与亚马逊优选计划，可以获得无限制的次日达免费送货服务，也可以升级为当日达，只需每笔订单在 79 美元的基础上再支付 3.99 美元。结果是，亚马逊在亚马逊优选计划这个大赌注上的回报，实在是惊人。

截至 2018 年年底，亚马逊拥有超过 1 亿名亚马逊优选计划会员。亚马逊还将该计划的价格提高到每年 119 美元，或每月 12.99 美元。亚马逊优选计划会员的每年平均消费额是 1 400 美元。而非亚马逊优选计划会员的其他客户，在 2018 年的年平均消费仅为 600 美元。

当贝佐斯押注免费送货时，他相信这将帮助亚马逊克服最大的运营障碍之一，即运费。接着，他又在亚马逊优选计划中加入次日达送货服务，因为他相信免费送货给客户将变得更加便捷。起初冒险引入该计划的风险很大，而且一路上并不总是“阳光和玫瑰”。仅在 2018 年，亚马逊的运输成本就高达 277 亿美元。这个数字十分惊人。但亚马逊优选计划现在已经是亚马逊的基础服务之一，扩展到包括视频流在内的 35 种其他福利，并且优选计划会员费和会员购物为亚马逊带来了几十亿美元的收入。

在 2014 年致股东的信中，贝佐斯反思了亚马逊优选计划及其对于免费送货的押注。

— “

10 年前，我们推出了亚马逊优选计划，最初是为客户提供免费的快速送货服务。我们一再被告知这是一个冒险的举动，从某种意义上讲，这确实是冒险。在这项计划开始的第一年，我们就损失了几百万美元的运费收入，没有简单的数学方法可以证明这是值得的。

我们在早前推出免费的超级省钱送货计划时获得了积极的结果。在此基础上，我们决定更进一步。我们凭直觉认为，客户会迅速了解到他们获得了有史以来最优惠的购物条件。此外，我们通过分析发现，如果我们达到一定规模，将大大降低快速送货的成本。

2014 年致股东的信

亚马逊为客户重新规划送货服务，下了一个很大的赌注，但最终得到了回报。

## 押注基础设施的杠杆效应，亚马逊云服务

……所有亚马逊云服务的服务项目都是现收现付的，可以将资金支出从根本上转变为可变成本。亚马逊云服务是自助服务：客户无须协商合同或与销售人员联系，只需阅读在线文档即可上手。亚马逊云服务具有弹性，它们可以轻松扩大规模或缩减范围。

2011 年致股东的信

多年来，免费送货服务并不是亚马逊押宝的唯一的大创意。贝佐斯和他的团队始终相信，他们可以改变世界并使

亚马逊发展到新的高度。对于亚马逊可能进入的新的业务领域，贝佐斯一向设定了必须通过的标准和测试。在 2014 年，他提出了这些标准。

> 一个梦幻般的产品，至少具有四个特征：
>
> - 客户喜欢；
> - 它可以成长到规模非常大；
> - 它有很高的资本回报率；
> - 而且它可以经久不衰，有持续几十年的潜力。
>
> 2014 年致股东的信

技术一直相当于支撑亚马逊生命的脉搏和心跳。显然，在线业务的一切都与技术有关。但是在早期，技术是一种支出，而不是利润点。在亚马逊内部，技术部门的“看门人”（gatekeepers）是一个瓶颈，阻止着其他部门如其所愿地快速增长。与当时的大多数公司一样，技术小组控制计算资源，随着亚马逊的快速发展，这个瓶颈突显，激怒了包括贝佐斯在内的所有员工。

布拉德·斯通（Brad Stone）写了《一网打尽》（*The Everything Store*）这本书，其中信息量非常大。在这本书中，斯通谈到了贝佐斯在那段时期读了史蒂夫·格兰德（Steve

Grand）的书《创造》(*Creation*)。它与《圣经》中的《创世记》毫无关系，而是跟一个名为“生物”的电子游戏相关。这本书可能是触发贝佐斯和亚马逊开始着手云计算的契机，因为这本书提出建立一个基础构架，可以将技术缩减到字节大小的片段，以便开发人员以它们为基础构建模块，它还具有 DIY 服务所需的灵活性。

由此，创建可以被公司所有团队使用的集中式开发平台的过程开始了。亚马逊内部团队的每个人都可以获取需要的通用的基础设施服务，而无须从头做起。每个部门的工作都不相同，但需要相同的技术服务。这正是亚马逊的目标。从那时起，他们开始意识到自己可能拥有了更重要的东西。

在 2003 年的一次高管团队活动中，他们进行了一次演练，以确定公司的核心竞争力。他们知道他们可提供的产品十分丰富，擅长配送和编制发货单，而且在组织中也可以非常熟练地运行可靠、可扩展、经济高效的数据中心。亚马逊是一家利润微薄的企业，因此他们创建的数据中心和服务必须尽可能精简和高效。

创建亚马逊云服务的目的，是在按需付费的基础上，向个人、公司和政府提供按需云计算。从此，一项新业务诞生了。

“

借助亚马逊云服务，我们正在建立一项新业务，它专注于新的客户群体……软件开发人员。我们的目标是满足开发人员普遍面临的需求，比如存储和计算能力。软件开发人员在这些领域寻求帮助，而在过去 12 年中，我们拥有扩展亚马逊网站的丰富的专业知识。我们已做好了开展这一业务的准备，它具有高度差异性，而且随着时间的流逝，它会成为一项重要的利润丰厚的业务。

2006 年致股东的信

”

这对消费者有何影响？贝佐斯说：

“

9 年前推出亚马逊云服务时，这还是一个激进的想法，现在规模已经很大，而且正在快速增长。初创公司是最早采用它的客户。按需付费、即买即付的云存储和计算资源，极大地提高了开始新业务的速度。诸如品趣志（Pinterest）、多宝箱（Dropbox）和爱彼迎（Airbnb）之类的公司都使用过亚马逊云服务，直到今天仍然是亚马逊的客户。

2014 年致股东的信

”

贝佐斯对亚马逊云服务的大赌注有没有得到回报？他说：

> 我相信，亚马逊云服务是可以在未来很多年为客户提供服务并获得财务回报的梦幻业务产品之一。我为什么乐观呢？云服务的规模很大，最终涵盖了全球在服务器、网络、数据中心、基础架构软件、数据库、数据仓库等方面的支出。实际上，类似于我对亚马逊零售的看法，我相信亚马逊云服务不会受市场规模的限制。
>
> 2014 年致股东的信

## 从押小注做起

我们从亚马逊如何押注大创意中得到的最大收获是：即使一个创意具有巨大潜力，相对来说，贝佐斯的押注也是从小做起。

亚马逊刚开始推行免费送货计划时，对超过 25 美元的订单提供免费的超级省钱送货服务。当他们在这方面取得成功时，再对亚马逊优选计划下更大的赌注。随着这个创意带来的回报越多，亚马逊投入的资金也越多，增加了流媒体和其他服务，并逐渐提高了预订价格。

亚马逊通过亚马逊商城、亚马逊优选计划和亚马逊云服务赚了几十亿美元。虽然亚马逊拍卖项目实际亏损了很多钱，但没有什么挫折是亚马逊不能克服的。就像贝佐斯对于“失败”的态度：“这些经历没有一次是让人开心的。但是，它们也没有什么大不了的，我们全都挺过来了。”

## 设定评估大赌注的标准

在 1979 年的流行歌曲《赌徒》（*The Gambler*）中，肯尼·罗杰斯（Kenny Rogers）有一句著名的歌词：“你得知道什么时候叫牌，什么时候扣牌，什么时候走开，什么时候继续来。”

贝佐斯通过设定评估大赌注的一套标准来做到这一点。很多人多年来一直问贝佐斯是如何处理这个问题的。让我们来看看亚马逊向实体店的扩张吧，这是最佳案例。

在专门讨论实体店之前，贝佐斯总结了亚马逊的业务模式：

> 以亚马逊目前的规模，播下对公司有意义的新业务的种子，需要一定的标准、一点耐心和一种培育的文化。

我们已经成形的业务是有巨大潜力的幼树。他们正在成长，拥有很高的资本回报率，并在非常大的细分市场中运作。这些特征为我们开展任何新业务提出了高标准。在我们将股东的资金投入新业务之前，我们必须确保新机会可以为投资者带来预期的资本回报，保证新业务可以发展到对整个公司具有重要意义的规模。

此外，我们必须看到当前的机会没有得到充分的利用，我们有能力为市场带来面向客户的具有显著差异化的产品和服务。如果没有这一点，我们就不太可能扩大新业务的规模。

2006 年致股东的信

”

然后，贝佐斯立即转向实体店的话题，说：

“

我经常被问道：“你什么时候开实体店？”这是一个我们拒绝扩张的机会。因为它只通过了一项测试……

实体店网络的潜在规模令人兴奋，但是，我们不知道如何以低资本和高回报来达到那么大的规模。实体零售是一项服务完善且传统的业务，况且我们对于如何建立对客户有意义的差异化体验的实体店没有任何经验。

2006 年致股东的信

”

这表明，尽管许多人认为亚马逊对开设实体店不感兴趣，但实际上是贝佐斯尚未找到可行的方法，这与他评估任何新业务所依据的标准是一致的。因此，他遵守规则，继续忍耐以此来约束自己，拒绝承担不值得的风险，要等到正确的时机再机智地冒险。

时间过得飞快，后来亚马逊建立了许多线下实体店，从实体书店、无人商店开始，现在又收购了全食超市（Whole Foods），这是等待机会的完美范例。这符合亚马逊首先承担较小风险的标准，然后再开始更大规模地押注，收购全食超市就是一笔 134 亿美元的押注。

## 寻找第四个大赌注

“

亚马逊商城、亚马逊优选计划和亚马逊云服务是三个大创意。我们很幸运能想到它们，并且决心予以完善和发展，使它们对客户来说更好用。我们正在努力寻找第四个大创意，已经有很多候选项目在进行当中，而且正如我们 20 年前所承诺的那样，我们将继续大胆地押注。

2014 年致股东的信

”

## 像贝佐斯一样提问

**押注大梦想**

Q1: 你最近什么时候押注了一个很棒的创意？

Q2: 你可以采取什么措施来鼓励你和你的团队愿意探索新的大创意？

Q3: 你现在愿意押注的创意是什么？

# 第3章

# 法则3：实践动态的发明与创新

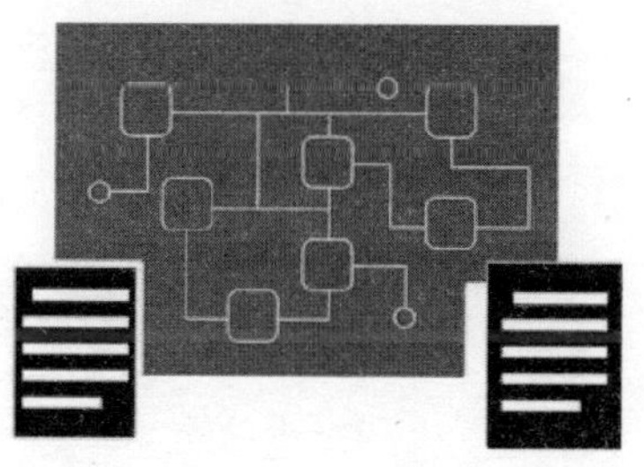

我认为，我们的与众不同之处就是如何面对失败。我相信，我们是世界上最好的进行试验、不怕失败的企业。我们在这方面有很多实践！失败和发明犹如密不可分的双胞胎。要搞发明创新，你必须进行试验。如果你事先知道它肯定会成功，那就不是试验。

2015 年致股东的信

很多人认为托马斯·爱迪生是灯泡的发明者。他确实因为发明了灯泡而获得荣誉，但实际上他是灯丝的发明者，使用这种灯丝制造出来的灯泡在经济上迎合了大众市场的需要。

爱迪生是一位多产的发明家。人们经常引用他的话："我没有失败，只是尝试了一万种失败的方法。我并不灰心，因为放弃每一次错误的尝试，通常都意味着向前迈进一步。"

关于"一万种失败的方法"，爱迪生并不是在开玩笑。他确实经历了无数次失败，所以才能极快地以收集专利和积累发明成果并以此而闻名，被人们称为"门罗公园的魔术师"。门罗公园是他的个人创意工厂所在地[①]。爱迪生在84年的漫长人生中，获得了1039 项专利。尽管他是名副其实的大发明家，但他如何达到极其高产的速度这件事，也许是美国历史上最鲜为人知的故事之一。

---

① 门罗公园（Menlo Park），位于美国新泽西州，是爱迪生实验室所在地，1879 年爱迪生在这里发明了第一只商用白炽灯。——译者注

虽然大多数人以为，爱迪生是 19 世纪末 20 世纪初的一位在实验室里独立研究的先贤明哲，但实际上，真实的故事却大相径庭。爱迪生很聪明，足智多谋，他才不会大包大揽一个人做所有的事情。和一位离群索居的不出世的天才相反，爱迪生于 1887 年在新泽西州的西奥兰治（West Orange）建立了一系列的实验室。随后，他又配备了 35 名员工，在之后数年的时间里最终雇用了数千名员工，因而这里一直被称为“发明工厂”。

因此，他的实验达到了系统化、工业化的规模。每个实验室的储物间都有充足的各种存货，因此他的实验团队拥有进行实验和探索所需的一切。这在当时很引人注目。

所以，爱迪生应该被更准确地描述为商业研究之父和世界上最高产的发明家。他还直接评价了试错法的产业化，他说：“成功的真正衡量标准，是 24 小时内可以安排的实验数量。”

大约 200 年后，贝佐斯采取了相似的商业方法进行发明和创新。不过，贝佐斯没有创建一个负责创新公司产品和运营的部门，比如研发部门，而是鼓励组织的各个层面和所有部门都进行实验，基本上亚马逊的每一位员工都要积极创新。他把发明加入每个人的职位描述中，这是帮助亚马逊发展的核心原则。

那么，发明与创新有什么区别？

- 发明和创新联系在一起，但是我们可以将发明定义为，首次创建一种新事物、一种新产品或引入一项新工艺。
- 创新是指对现有产品、服务或流程进行改进或做出重大贡献。
- 发明和创新都需要一种文化、环境和思维方式，才能使之成为可能。

从贝佐斯在2011年特别谈到Kindle时说的一番话中，我们可以一窥他的想法：

> “
>
> 亚马逊人正通过巨大的变革性创新迈向未来，这些创新为成千上万的作家、企业家和开发人员创造价值。发明已经成为亚马逊的第二本能，在我看来，团队的创新步伐甚至还在加快——我可以向你保证，我们的创新非常有前景。
>
> 2011年致股东的信
>
> ”

亚马逊的一项核心价值是，动态的发明和创新意味着每个人都始终在寻求改进。在亚马逊，从工作的第一天起，发明和创新就已根植于企业文化中。无论你是应聘的应届大学毕业生还是经验丰富的销售代表，贝佐斯都希望你审视自己手上的每项任务，并自问：“我如何做得更好或更有效？”

你可以尝试哪些方法以获得更好的结果？亚马逊想要能这样思考的员工。亚马逊确实需要质疑现状的精神。它鼓励每个人尝试新事物，提出问题并从一开始就以不同的方式看待流程。

如果你尝试某件事却没能成功，也不用担心。如果你的态度很好，真诚地在尝试，那么你的失败可能换来更多的赞扬，而不是指责。这个失败有可能会成为众多的“成功的失败”之一，贝佐斯已经把这些“成功的失败”转变为数十亿美元的利润。

如果你尝试新事物并且确实成功了，亚马逊希望你与他人分享以帮助组织发展。亚马逊鼓励你收集相关数据以支持自己的结论，与你的直接上司分享，并在一小群同事中测试这些实验结果是否可重复且可靠。如果你的初始数据在较小范围内得到确认，那么你可能需要为所有员工创建一个完整的培训计划。

## 动态发明有助于释放创造力

亚马逊强调在整个组织中实践动态发明已成为其基本的增长原则之一。这样做有许多理由，其中两个很重要：

第一，它有助于发现最具创造力的团队成员。亚马逊作为拥有超过 60 万名员工的企业，鼓励每个员工测试和分享自己的最佳想法，要比找出其中哪些人是提出新产品、想法、平台或流程的“发明家”容易得多。通过鼓励所有人提出创新和改进的方法，来凸显“发明家”。

第二，它使实际执行每个任务的人员能够提出新的方法来完成工作或改进流程。如果仔细观察，你会发现生产效率最高的员工可以创造出比其他人更新、更好或更快的工作方法。经理如果不亲自在生产一线工作，那么坐在会议室中花再多的时间也想不出新的创意。当然，训练有素的领导者通常可以识别出最有生产力的员工，得知其原因。但是，最好的想法几乎总是由执行任务的人员提出的，而不是由领导者提出的。亚马逊授权员工进行实验并鼓励他们分享自己的最佳想法，以使整个组织受益。

贝佐斯一直在寻找创新思维。在 2018 年接受戴维·鲁本斯坦（David Rubenstein）采访时，他讲过一个在他最初创办亚马逊时发生的故事[9]。

> 我正跪在地上打包纸箱，另一个部门的一个人跪在我旁边。我说：“你看，我们需要护膝。不然我的膝盖真会受伤的。”这个和我一起打包的家伙却说：“我们需要的是打包台。”我当时想，这是我听过的最聪明的主意！

## 专注于动态发明

几乎每家公司都知道他们只有创新才能生存。缺少知识和渴望并不是阻碍其他公司像亚马逊那样进行发明的问题。真正的原因是，亚马逊创造了一种企业文化和组织结构，使发明和创新在组织的各个层面蓬勃发展。

亚马逊采取了非同寻常的步骤来发展一种内部文化，这种文化促进了创新思维、实验自由和失败自由。至关重要的是，组织的真正文化应允许测试新想法，即使它们看起来“疯狂”，而且，员工在进行实验时不会担心第一次没有得到好的结果而致使他的前途受到影响。要在组织中实践动态发明，必须既授权团队进行实验，又要确保失败不会致命。

我的朋友和商业伙伴库尔特·赫夫曼（Kurt Huffman）这样说：

> 人们害怕失败的后果，害怕被解雇、被嘲笑、被伤害、被列入黑名单、被降级等等。所以，人们可能仍然不喜欢失败。我就不喜欢失败。但是，当我知道我可以把失败看作是学习机会而不是解雇通知单时，我真的会愿意创新而不是扼杀创新。

如果包括管理层在内的员工尝试并失败了，那么鼓励他们与团队负责人、团队成员或同事分享想法和结果。这些人深入了解情况后，可以发挥集体智慧，找出问题所在；或者他们可以帮助确定如何将失败转变成能够为组织带来其他好处的“成功的失败”。

至关重要的是，每个人都“言必信，行必果”。你的员工或同事抱着良好信念进行尝试，你却因此打压或惩戒他们，从此以后他们将不会再尝试创新或尝试创造新事物。如果其他人感受到组织对失败的反应是批评或惩罚，他们也将会很快停止寻找改善的方法。相反，应该鼓励人们承担合理的风险，因为现实情况是，当今大多数企业承担的最大的风险是没有承担足够的风险。

## 利用你的优势

亚马逊目前正在零售实体书店的选址方面，再一次进行试验、发明和创新。亚马逊最初以在线图书销售闻名，现在正在线下开设零售店。那么，他们究竟在市场上发现了什么，促使他们尝试实体书店？

如果人们知道自己想读什么，就不会走进亚马逊实体书店，而是直接在亚马逊订购。他们走进亚马逊书店，是为了寻找想读的书。我亲自访问了位于芝加哥、纽约和华盛顿特区的几家亚马逊实体书店，发现亚马逊实体书店与传统的书店有以下几点不同：

- 所有图书都露出封面，因此你可以看到封面，而不仅是印有书名的书脊。这意味着书店无法存储足够多的图书。但是，在测试中发现，消费者喜欢看到书的封面。

- 亚马逊实体书店比 Barnes & Noble 书店小，因为它们不必储存大量图书。客户可以使用商店中的终端订购任何图书。

- 亚马逊仅在实体店中销售受到高度评价的图书，也就是在亚马逊商城得到 4.6 分或更高的评价的书（满分是 5 分）。低于这个评分的书不会上架。即使一本书入选《纽约时报》（*New York Times*）最畅销图书，但如果它在亚马逊网站上的得分未达到 4.6 或以上，就不会被选入亚马逊实体书店。

- 每本书都有二维码，可显示有关该书的数据，包括你可以从手机或平板电脑访问的所有评论。在查看实物图书时，你可以阅读相关的更多内容。

- 亚马逊已经了解了实体店所在地的人们的阅读喜好，因此书店售卖当地最受欢迎的那些书。每家商店都可以根据当地人的兴趣定制货架上的图书。

- 除图书外，亚马逊实体书店还出售亚马逊的硬件产品，比如 Fire TV、Echoes，以及其他流行的电子产品。

亚马逊正在做一家富有创造力的公司应该做的事情，他们在进行实验和测试，了解什么是最适合其客户的产品以及如何改善客户的体验。

## 发明的力量

发明与创新来自许多不同的方法和方法的迭代。贝佐斯这样阐述“发明的力量”：

> 发明以多种形式和不同规模出现。其中最激进和最具变革性的，往往是那些能够激发人们的创造力令他们追求梦想的发明。这正是亚马逊云服务、亚马逊配送服务和亚马逊 Kindle 出版服务的宗旨。借助这三项服务，我们正在创建强大的自助服务平台，可以使成千上万的人能够大胆地尝试并完成原本不可能或不切实际的事情。这些大规模的创新平台进行的不是仅有一方获利的生意，而是创造了双赢的生意，并为开发人员、企业家、客户、作家和读者创造了巨大的价值。
>
> 2011 年致股东的信

实践动态发明在亚马逊组织的每个层面都是显而易见的。创造新事物并改进当前正在做的事情，是让亚马逊快速成长的核心原因。

从先前的失败中吸取教训，有助于减少损失并改善为未来试验制订的计划，使下一个项目更有可能成功。亚马逊知道发明和创新需要试验，试验需要失败，学习需要跟踪和衡量结果。

## Lab126，亚马逊的发明实验室

竞争优势对亚马逊、苹果、谷歌等公司而言至关重要。当所有人都知道你在做什么的时候，你就不会有竞争优势。

2004 年，亚马逊希望“改进实体书店，使客户比以前更容易发现和享受书”……因此，Lab126 成立了，它就是亚马逊位于旧金山湾区秘密的硬件和消费电子设备研发中心，其第一个产品就是 Kindle。[10] 对于亚马逊来说，这是一次飞跃，因为他们开始尝试创造一个真实世界的产品，而不仅仅是将注意力集中于虚拟世界。

举几个例子，亚马逊内部人员称他们的第一个试验为“项目 A”，即 2007 年推出 Kindle；“项目 B”为 Fire 手机，又被称为“成功的失败”；“项目 D”为 Echo 音响；有关“项目 C”有很多猜测，但至今没人知道是什么……[11]

Lab126 的名称来自亚马逊徽标中的“箭头”，这个箭头在“Amazon”这个词的下面从 A 到 Z 画了一条漂亮的线。在 Lab126 的含义中，“1”代表“A”，“26”代表“Z”。Lab126 始终处于发明和创新的最前沿。实际上，他们现在可能正在研究“项目 X 或项目 Y 或项目 Z”，并希望这些研究成为下一波浪潮，履行始终如一地为客户服务，为他们创造令人兴奋的新产品和服务的承诺。

我认为，如果爱迪生和贝佐斯见面，他们会发现彼此之间有一两个共同点。

**像贝佐斯一样提问**

**实践动态的发明与创新**

Q1：　你想在业务中尝试的下一个新事物是什么？

Q2：　如何在你的公司中设置发明实验室？

法则 4:
痴迷于客户

法则 5:
运用长期思维

法则 6:
了解你的“飞轮”

# 第二部分

# 成长周期第二阶段：构建

在亚马逊，构建就是指你如何将有潜力的想法变成稳定的计划。通过确保所投入的一切都基于客户的实际需求，亚马逊实现了构建。

短期风险有助于我们发现哪些创意可能成功，从而弥补失败带来的损失并从中吸取教训，从整体上节省时间、精力和资本。

亚马逊运用长期思维来确保每个计划和风险都建立在可以持续数年甚至更长的坚实基础之上，即使这意味着在短期内会有一定损失。

贝佐斯对只在短期内赚钱的生意不感兴趣。实际上，亚马逊确保每项举措都与其核心业务模式保持一致，贝佐斯将其称为“飞轮”。“飞轮”是作家吉姆·柯林斯（Jim Collins）在他的著作《从优秀到卓越》中提出的概念。这种构建的方法，使亚马逊成为一家高度专注、稳定且灵活的公司。

# 第 4 章

# 法则 4：痴迷于客户

我不断提醒我们的员工要有敬畏之心，每天早上醒来都要有危机感，不是担心来自竞争对手的压力，而是忧虑无法满足客户需求，因为是客户使我们的业务发展壮大至今。他们与我们息息相关，也是让我们对其负有重大责任的人。我们希望他们也对我们忠诚，直到他们得到了其他人提供的更好的服务为止。

1998 年致股东的信

从客户需求出发的逆向工作法，往往会要求我们获得新的能力和增加新的“肌肉”，万万不可介意迈出第一步时会有多难受和多尴尬。

2008 年致股东的信

亚马逊希望客户开心。

亚马逊的 Logo 是一个形似微笑的箭头，传达出他们“将微笑传递到顾客家门口”的愿望。当他们在 2000 年发布新版 Logo 时，亚马逊表示：“微笑从字母 A 下方开始，至字母 Z 下面的‘酒窝’结束，强调亚马逊提供客户可能希望在线购买的任何商品，包括开头字母为从 A 到 Z 的所有商品。”[12]

实际上，客户开心是亚马逊追求的最高点，贝佐斯希望每个员工都以客户为中心。强迫症是对超出正常范围的专注的临床描述。如今，这个词通常代表负面含义。这意味着超过了正常的程度，过于极端化。但这恰恰是贝佐斯希望亚马逊的每个员工对客户及其需求的关注应当达到的程度。在所有亚马逊领导力原则中，也许最重要的一项是与以客户为中心有关。无论亚马逊领导者的角色或工作如何，第一项工作就是客户至上，亚马逊的每个人都应成为领导者。

**亚马逊领导力原则**

**客户至上**

**领导者从客户出发，以终为始地逆向工作。他们努力工作以赢得并保持客户的信任。尽管领导者关注竞争对手，但他们仍然优先考虑客户。**

亚马逊“以客户为中心”的领导力原则与我总结的“客户至上”的增长法则紧密结合，因为没有客户，你根本无法发展任何业务。

## 成为客户至上的企业

亚马逊对客户的关注是真正的关注，落实于执行中，而不是概念上的口号。从最真实的意义上讲，“客户至上”充分表现了亚马逊专注于持之以恒、全神贯注地对待客户的所想所求，甚至常常在客户明白自己的需求之前，亚马逊就想到并着手解决了。无论是宏观战略还是微观决策，亚马逊所做的一切都可以追本溯源至亚马逊对客户的了解或判断。

企业要以客户为中心，就要潜入客户的大脑，用心考虑客户的真正需求。对于某些问题，你也许可以立即提供你认为客户肯定会说的答案。但是，直到你亲耳听到客户说出答案或从客户数据中亲眼所见之后，你才会知道自己是否正确。当今大多数商业公司都表示，他们关心客户。看起来，跟许多企业人云亦云的“客户永远是对的”毫无二致。但是，只是重复陈词滥调地动动口舌，与积极主动地关心客户有很大不同。“客户永远是对的”是被动的，它只是告诉员工去顺从那些找上门来的客户，而这样的客户其实心里已经有了主意。

最近，我在纳什维尔的一次招聘活动中，听到亚马逊高管戴夫·约翰逊（Dave Johnson）说，他加入亚马逊之前，曾在两家以客户为中心的大公司工作，而且这两家公司确实很棒。他说，“但是，在亚马逊……我们痴迷于客户。”

强调对客户关心，可以使亚马逊的员工成为专注解决方案型员工，而不是专注问题型员工。贝佐斯需要一直先人一步……他要求“在问题发生之前就解决掉问题”，这意味着他要求首先就不要发生搞砸事情的情况。

但是，想让客户开心并且在此前提下实际完成工作，有时候会很棘手。因而，亚马逊提出了三大客户体验，以准确地关注客户的需求并提供这些优质体验。2001 年，亚马逊清楚地指出，他们建立在两大客户体验上：最佳选择和快速便捷的交付。随后，贝佐斯又增加了一种体验——低价。因此，三大客户体验是：

- 低价；
- 最佳选择；
- 快速便捷的交付。

> 在我们的零售业务中，我们坚信客户重视低价、最佳选择以及快捷的交付，并且这些需求随着时间推移也会愈发稳定。未来 10 年，客户肯定不会希望看到更高的价格、更少的选择或更慢的交付速度。我们相信这些体验将是持久延续的，我们有信心并在优化体验方面加大投入。我们知道，现在的投入将为未来继续带来红利。
>
> 2008 年致股东的信

## 不断思考客户的真正需求

太多公司错误地将重点放在其产品和服务上，而不是专注于他们的客户。在设计或改进产品时，他们只是改进现有功能。然后，他们将时间和金钱投入到营销新功能上。而当客户不认可时，这些公司的高管可能会认为问题出在信息传递上，或者客户不了解他们的产品或服务多么有价值。

很多时候，问题不在于信息传递不到位或他们的客户缺乏理解，而在于他们事后才考虑客户的需求。这些公司不是对客户痴迷，而是痴迷于产品。以下是亚马逊经常自省的问题：

- 谁是客户？
- 客户的问题或机会是什么？

- 客户最重要的利益或真正第一位的利益是什么？
- 你如何知道客户的需求？
- 客户体验是什么样的？

## 践行“痴迷于客户”法则

客户第一次寻求服务时，希望得到什么？有可能客户最重要的愿望之一是，客服部门以最适合他们的方式，比如在线聊天、电邮、电话等，干净利落地解决他们的问题。

亚马逊知道大多数人讨厌“请稍候”的语音提示，即使等待时间很短，也不想为了等待接听而保持通话状态。如果你给亚马逊客户服务中心拨电话，不必排队等待接听。你输入电话号码后，亚马逊客户服务中心就会立即接听你的电话。

但重点是亚马逊认为客户因遇到问题而给亚马逊打电话，这说明亚马逊的系统有问题。亚马逊的目标是，客户能够自行解决问题，或者亚马逊提前发现问题并主动去解决，而且无须多次交流就解决问题了。

因为有些客户想与真人对话，无论是通过在线聊天、电邮还是通过电话，他们会觉得自己被真正地倾听了，所以亚马逊为客户提供了多种服务。亚马逊知道，如果客户想快速解决问题，却需要大费周折才能找到联系你的方式，他们是会感到不满的，而且沮丧情绪会快速滋长。而如果客户通过你提供的客户服务解决了问题，你将得到更低的退货率、在社交媒体上对公司的正面评价（即使出现过问题）、更好的在线评论以及更多的回头客。这恰恰是亚马逊所期望的。

此外，贝佐斯还知道，增长和成功的关键不是有更多的客服代表去解决问题，而是要在问题变得普遍之前彻底根除。例如，在与客户电话沟通或在线聊天时，客服代表不必盲目地遵循核查清单或脚本，而是尽其所能地为客户服务。

我的妻子不喜欢购物，但喜欢在亚马逊购物。有一次，她订购的是无咖啡因咖啡，却收到了普通咖啡。她在网上向客服代表反映问题后，客服代表就为她更换了咖啡，并且客服代表还说，如果她还是收到错误的产品，请与他们联系，他们将从系统中下架这种产品，而且会仔细调查问题。实际上，我妻子收到的咖啡还是错的，她又打电话给亚马逊客服代表，他们将产品从系统中下架，换成其他品牌，并因她遇到了麻烦，向她致歉，给了她在线购物金。

这次换货给我妻子带来了不便，但她最后还是很开心，因为她觉得他们不仅倾听了她的问题，而且更彻底地解决了深层问题。她觉得亚马逊是在切实地解决问题，而不仅仅是为了让她高兴却无视造成问题的根本原因。他们还将普通咖啡作为额外的补偿让我妻子留下，于是她将含咖啡因的普通咖啡送给了那些需要高能量的朋友们。结果我妻子对亚马逊更加信任，继续在亚马逊上购物，而且确实在亚马逊上购买了很多东西。

当客户感到被理解和被尊重时，他们基本上都会再次光顾而且买得更多。亚马逊员工被授权去解决许多问题，而无须与主管商量或者获得批准，这是亚马逊文化的一部分。亚马逊希望第三方商家也同样如此。实际上，亚马逊激励第三方商家以相同的方式服务他们的客户。

亚马逊给数千家第三方商家发了一封信，告知他们自 2019 年 8 月 1 日起，经亚马逊售出和配送的部分产品，必须符合“无挫包装”。亚马逊确实言出必行，向供应商提供了信用奖励，以帮助他们消化在 2019 年 8 月 1 日截止日期之前完成过渡的费用。而对于没有遵守规定的供应商，亚马逊将针对每个不达标的包裹收取费用。亚马逊通过“无挫包装”的激励措施来改变第三方供应商之间的竞争格局。

在某些情况下，亚马逊要求第三方商家采取以客户为中心的政策，否则就有被踢出平台的风险。亚马逊会迅速暂停或取消客户评价为负面且仍未解决问题的第三方商家的资格。对于在亚马逊商城经营的第三方商家而言，他们必须了解亚马逊客户至上的思维方式才能成功，这一点至关重要。

## 不断思考客户不愿意成交的原因

亚马逊的信条之一是：一直追问自己客户不愿意成交的原因是什么？这个信条融入亚马逊人所做的每一件事之中。早期最明显的例子就是客户对于支付运费的反感和异议，客户因此不愿意在亚马逊购物。同样，不能在购买产品之前触摸和感受产品，也让客户不愿意成交。

那么，贝佐斯和亚马逊做了什么？他们为此做了很多事情。他们为客户提供了可以避免支付运费的多种可能性，并减少了在线购物的痛点。他们首先从对“触摸和感受”要求较低的图书产品入手，提供图书预览、列出详细信息、展示书评和客户评价，以鼓励客户购买合适的图书。他们还使退货流程更简单容易，以克服退货带来的麻烦。

将顾客不满意的风险转移给亚马逊。这得益于亚马逊最大的价值主张，即三大客户体验：低价、最佳选择和快速便捷的交付。

## 自动化系统的威力

> “
>
> 我们建立了自动化系统，以筛选出不符合我们标准的客户体验的订单，然后系统就会主动向相关客户退款。
>
> 2012 年致股东的信
>
> ”

2012 年 12 月，亨利・布洛杰特在《商业内幕》网站上发布了一篇文章，描述了亚马逊主动式自动化系统带给他的体验。

布洛杰特在亚马逊上付费观看电影《卡萨布兰卡》（*Casablanca*），因为他正在写一个故事，讲述电影中那些可以拯救美国经济的简单的商业教训。他根本没有打算直接从头看影片，而是开始、暂停、回放，然后快进至他想要的片段。但是，就像当时的许多流媒体视频播放器一样，视频经常宕掉，迫使他只能回放并重新开始捕捉他想要的时间点。

虽然这个过程很麻烦，但是并不意外。在 2012 年，流媒体视频的播放体验很糟糕。这可能是播放器的问题，也可能是客户的互联网连接速度的问题，抑或是亚马逊的问题。布洛杰特说："所以，你可以想象，今天早上收到亚马逊发出的电子邮件时，我有多惊讶。"邮件内容如下。

—

你好。

我们注意到你在观看点播的亚马逊视频节目《卡萨布兰卡》时，遇到了视频播放不畅的问题。

对于给你带来的不便，我们深表歉意，并已向你退还以下金额：2.99 美元……我们希望继续为你服务。

亚马逊视频点播团队

—

“亚马逊注意到我的视频播放不流畅，而且他们还给我退款？哇！”布洛杰特在题为《为什么亚马逊是世界上最成功的公司之一的最新例证》的文章中进一步解释了这一现象，“亚马逊痴迷于让客户开心。与许多其他公司不同，亚马逊会当机立断地舍弃短期利润，换取长期的客户忠诚度。”[13]

这个故事同时体现了几条增长法则，包括痴迷于客户、运用长期思维和专注于高标准。这些法则都在推动亚马逊创建自动化系统的过程中发挥了作用，这个系统能够监测与客户互动的质量并自动做出响应。

## 超越预期，让客户惊喜

贝佐斯在 2012 年致股东的信中的最后一句话引起了我的注意：“让客户惊喜地说‘哇’是使我们保持快速创新步伐的动力。”

痴迷于客户并不仅意味着为客户服务。痴迷让人总想超越常规，这是让贝佐斯开心不已的一种追求极致的想法。它是从客户的需求出发进行创造，也是改善客户体验，它还是让客户惊喜地说出“哇”，因为他们所获得的超出了预期。这就是我所说的“痴迷于客户”的多种含义。

“

我们将作者也视为客户。亚马逊出版公司刚刚宣布，将开始每月向作者支付版税，账期为 60 天。而行业标准是每年付两次版税，这作为行业惯例已有很长时间了。但是，当我们将作者作为客户，回访他们时，发现账期太长是一个主要的不满意之处。想象一下，如果你一年只领两次工资，你会作何感想。其实并没有竞争压力迫使我们以比每 6 个月更短的账期向作者付酬，但是我们选择主动去这么做。

自 7 年前推出亚马逊云服务以来，我们已经将这项服务的价格降低了 27/28，还增加了企业服务支持增强计划，并创建了创新工具来帮助客户提高效率。亚马逊云服务的安心顾问服务提供客户设置监测服务，将其与已知的最佳做法进行比对，然后告知客户如何改善性能、增强安全性或者节省资金。是的，我们正在主动告诉客户，他们向我们支付的费用超出了他们的需要。在过去 90 天内，客户通过这项服务节省了数百万美元。安心顾问服务才刚刚起步，所有这些进展都是在亚马逊云服务成为该领域公认的领先者的情况下进行的。在这样的情况下，你可能会担心外部激励也许不会成功；然而，内部激励——让客户惊喜地说“哇”的动力，使我们保持快速创新的步伐。

2012 年致股东的信

”

## 像贝佐斯一样提问

**痴迷于客户**

Q1: 描述你的典型的理想型客户。这类客户的主要特征是什么？（列出三四个）其最大的问题而你又恰好能解决的问题是什么？

Q2: 你现在可以采取什么措施来改善客户体验？

Q3: 让你的团队每周想出一个新点子，以便为客户提供优质服务，无论其成本是多少。

第 5 章

# 法则 5：运用长期思维

我们相信，衡量我们是否成功的一个根本标准，就是我们是否为股东创造了长期价值……我们正在努力打造重要的事物，特别是对客户重要的事物，甚至是我们可以传承给孙辈的事物。

1997 年致股东的信

1989 年，距离世纪之交仅剩下 11 年了。发明家和计算机科学家丹尼尔・希利斯[①]对人们谈论千禧年的方式感到沮丧。在他的整个童年时期，他总是听到人们提到新千年，仿佛新千年是一个等同于未来的奇异尺度。在他的记忆中，30 年来人们一直谈论的是未来的 2000 年，但是却没人提及 2000 年以后的任何事情。[14]

当时，虽然很多人可能不太注意 2000 年的根本含义，但希利斯非常在意。他说："每个人都谈论 2000 年会怎么样，但根本没人提到未来的一个确切日期。随着 2000 年的逐渐临近，在我的一生中，未来却在一年一年地缩短。"

尽管世界上大多数人都将注意力集中于千禧年本身，担

① 著名计算机科学家、发明家、企业家，麻省理工学院媒体实验室客座教授。其经典著作《丹尼尔・希利斯讲计算机》简体中文版已由湛庐策划出版。——编者注

心当日期从1999年变为2000年时计算机是否会出现故障（2000年也被称为Y2K，即Year 2 Kilo的缩写）。事实上，一旦全世界意识到这个潜在的问题，计算机就会重新编程，以避免出现“千年虫”的问题。

但是，希利斯觉得必须唤醒人类，让人们思考2000年之后的事情，他将2000年描述为“一个不断缩短的未来的精神性障碍”。因此，他开始建造万年钟。

万年钟是一种“从阳光和万年钟参观者之中收集动能的机械动力源的时钟”[15]。顾名思义，这座时钟的设计初衷就是要运行1万年，而且仅需极少的维护成本和中断次数。目前全尺寸的万年钟完成了设计，已经到零件制造的阶段，现在正在得克萨斯州西部的一座大山中建造。

与大多数每秒指针跳动计时的钟表不同，万年钟每年才跳动计时一次，它的世纪指针每100年才往前走一格，而每1000年或每个千禧年才会有布谷鸟弹出。大多数人都不大可能在有生之年看到万年钟每百年跳动一格。

根据网站上的信息：

> 为什么会有人去山里建造这样一座时钟，计划让它工作1万年？部分的答案是：正是因为有了这座时钟，人们才会问这个问题，而且正是提出了这个问题，他们才与世

代相传和千年流转的观念相呼应。如果你有一座会跳动 1 万年的时钟，它会给你带来什么样的跨域代际长度的问题和可能性呢？如果有一座时钟能持续运行 10 个千禧年，我们是否能确信我们的文明也一样经久不衰呢？如果这座时钟在我们早已故去之后仍然继续运转，为什么不尝试做一些需要薪火相传才能完成的项目呢？正如病毒学家乔纳斯·索尔克（Jonas Salk）发人深省的问题，更重要的是，"我们是足够好的先辈吗？"

用希利斯的话来说：

> 我无法想象未来，但我在乎未来。我知道自己是故事的一部分，这个故事始于我记事之前，也会持续到很远的将来，那时没有人记得我。我生活在一个发生重大变革的时代，我觉得自己有责任让变革如期而至。我播下了橡子，但我知道自己永远也看不到橡树成材的那一天。[16]

## 贝佐斯的万年钟

由于在季度收益和月度销售目标上施加了巨大压力，公司很容易遇到短期危机。大多数业务都是以这种方式建立的，如果短期指标低于某个特定水平，则很可能被调低信贷额度；或者，因为每股收益比华尔街投资者的季度预期低 1 美分，所以公开交易的股票价格暴跌。

虽然从短期和长期的角度衡量业务进展很好理解，但它也引出了一个问题，即我们规定的时间段，比如每月配额或季度营收，是否对我们如何发展业务产生了过度的影响。

万年钟与贝佐斯或亚马逊有什么关系吗？

贝佐斯也是擅长运用长期思维的大师。世界上第一座全尺寸的万年钟，就安置在贝佐斯位于得克萨斯州的房产里。他投资了 4 200 万美元建造和放置时钟。该组织的网站介绍，他还积极参与设计了“时钟的完整体验”。

但是万年钟可不是一个为了满足虚荣心的项目，也不是钱多得不知道怎么花的富翁赞助的项目。2011 年，在《连线》（*Wired*）杂志网站上刊登的迪伦·特韦尼（Dylan Tweney）[17]访谈文章写道：

> 对于亚马逊的创始人贝佐斯而言，这座时钟不仅是极致声望的计时器，还是长期思维的力量的象征。他希望通过建造它来改变人类对时间的思考方式，从而鼓励子孙后代拥有更长远的视野。首先，贝佐斯比《财富》500 强的大多数首席执行官的视野长远得多。

正如贝佐斯对特韦尼所说的：

> 在这座时钟的生命周期内，美国将不复存在。整个人

类文明都会经历兴衰。新型的政府体制将被创造出来。我们都无法想象这座时钟在传承它的世界将会是什么模样。

对于商务人士而言，万年钟不仅是奇思妙想、工程创造和出于激情花费4 200万美元打造这个项目的结果，更是在启发我们去思考我们的经营方式是否是从长期思维出发。在我们的生物时钟停止跳动后很久，我们未来的股东和员工才可能出现，那么我们的经营方式是否能让我们成为他们优秀的先辈？

我很想知道，企业家如何采用某些相同的长期思维法则。幸而，贝佐斯在致股东信中给出了一些答案和观点，特别是1998年致股东的信，在这封信中，他第一次回忆1997年致股东的信。

## 致股东的信的长期思维例证

贝佐斯致股东的信中蕴藏着很多例证，揭示了贝佐斯所认为的长期思维，也表明了即使在短期内会付出代价，贝佐斯仍致力于为亚马逊的投资者提供长期价值。

例如，贝佐斯在1997年致股东的信中，完整论述了长期思维的本质并将之作为衡量成功的标准。在标题为“长期即一切”的小节中，贝佐斯强调，长期价值的增长应成为衡量亚马逊成功的根本尺度。也就是说，尽管投资者可能会关注他们的季度收益表，但对贝佐斯而言，季度盈利是次要的，他的时间和精力更多地集中于长期价值。

长期思维是贝佐斯的核心信条，它自亚马逊诞生起就对它注入了其思想方式和文化。今天这一信条在亚马逊的地位，和贝佐斯刚开始创业时一样重要。1997 年，当亚马逊公司仅粗具雏形而且希望吸引投资时，他就将长期思维落实到行动中。在这些致股东的信里以及亚马逊今天的公司策略中，都体现出亚马逊对长期思维的更多关注。

## 对抗华尔街，为苹果公司做出榜样

能够不顾华尔街投资者对季度收益步步紧逼的态度，专注于长期愿景和目标的公司非常少，而亚马逊就是其中之一。但是，华尔街投资者对季度收益的关注带来的压力非常大。贝佐斯一开始就秉持长期思维，苹果公司也试图转变为长期思维。像贝佐斯那样，一开始就坚持长期思维，比在半路再改弦易张更加容易。贝佐斯的例子确实证明了长期思维的方法是行之有效的。

约翰·斯托尔（John Stoll）在 2018 年 12 月的《华尔街日报》专栏刊出了标题为《公司很难秉持长期思维》（*For Companies, It Can Be Hard to Thinking Long Term*）的文章，他在文中写道：“企业面临艰难的抉择，他们想要实施的战略可能经过几年才能产生效果。但是，华尔街投资者的反应却并不总是很友好的。”他继续指出，当苹果公司宣布，鉴于“Mac 或 iPhone 在为期 90 天的表现根本不能反映相关产品线的实际情况”，而停止“公布其单个产品季度销售数字的惯例”时，投资者的反应是何等残酷。[18]

苹果公司决定反击华尔街对于季度销售数字的痴迷，投资者对这一事件反应如何？在宣布这一消息的当天，即 2018 年 11 月 2 日，苹果公司股价下跌了 6.6%，市值蒸发了 711.9 亿美元。

单看市值，这一天的跌幅大于很多公司的全部市值，如百健公司（Biogen Idec, Inc.，711.7 亿美元）、卡夫亨氏公司（Kraft Heinz Co.，671.8 亿美元）、嘉信理财（Charles Schwab Corp.，664 亿美元）、联邦快递公司（634.5 亿美元），也高于其他几家标普 500 指数成分股公司在 2018 年 9 月 30 日的市值。[10]

其中任何一家公司都可能在那天从地球上消失，但其中任何一家公司的消失对标普 500 指数的影响，仍然不敌苹果公司决定专注于长期而不再公布单个产品销售额的决定所产生的影响。斯托尔称苹果公司的决定是“在华尔街上，短期思维与长期思维之间对决的最新小波澜”。

华尔街投资者不喜欢长期思维，但是贝佐斯非常喜欢，甚至设定了对亚马逊长期思维的期望，在此过程中，亚马逊成为少数几家从一开始就成功忽略季度股价波动和季度收益起伏的公司之一。即使在互联网泡沫破灭的艰难时期，亚马逊被戏称为“亚马逊炸弹”（Amazon.bomb）和“亚马逊吐司”（Amazon.toast），也没有改变其长期思维，而批评者现在可能正在重新审视他们对亚马逊的定位。

亚马逊也愿意逆势而上，牺牲当年的利润来投资长期的客户忠诚度和产品机遇，这将在下一年及之后的几年创造更大的利润。长期思维使亚马逊可以专注于重要指标，比如，客户和收入增长指标。投资于客户体验并持续改善客户体验，可以增加复购次数和强化公司品牌。

如果潜在投资者的投资理念和贝佐斯的长期思维理念不一致，贝佐斯甚至劝他们不要投资亚马逊。他在 1997 年致股东的信中很直白地表达了这一点，虽然那时大多数初创公司实际上都是在乞求投资者投资，但贝佐斯相反。对他而言，吸引投资者远不如关注长期目标重要。或者，正如他所说：

> ……我们希望与你分享我们基本的管理和决策方法，以便你——我们的股东，可以确认它与你的投资理念一致。
>
> 1997 年致股东的信

在华尔街投资者对上市公司的传统期望面前，这种思维方式成功了。贝佐斯并不在乎华尔街投资者的态度。他仍然专注于业务的长期增长而不是短期增长以及下一季度的收入。

## 坚持长期思维

对于陷入短期思维的一般公司而言，向长期思维转变可能是一个痛苦的过程。如果你是一家上市公司，你可能会遇到与苹果公司类似的挫折。但是公司越早开始或从越小的规模过渡，就能越早摆脱投资者和分析师对每个月末股价或季报的重视所带来的内部压力。

苹果公司确实是一个绝佳例证。他们表示，之所以停止公布单个产品的季度销售额，是因为它不能准确反映每种产品的运营状况。我怀疑，多年以来，他们虽然一直忠实地满足华尔街投资者的要求，但实际上深知这不是一个准确的衡量标准。如果你真的问他们，答案会是：这样做毫无必要地浪费了时间和精力。苹果公司最了解业务且相信短期指标表现根本无足轻重的人，看到苹果公司的股价因为某个指标而大幅波动，该是多么沮丧和不安啊！

正如我指出的那样，坚持长期思维对于亚马逊而言，也远非易事。在世纪之交，即 2000 年，贝佐斯给股东写了一封残忍但诚实的信，再次表达了他对长期思维坚定不移的决心。

— “ —

致我们的股东：

对于资本市场的许多人来说，这是残酷的一年；对亚马逊股东而言，这无疑也是残酷的一年。

在撰写此信时，我们的股价比1999年我写致股东的信时下降了80%以上。然而，无论从哪方面看，亚马逊现在所处的地位都比过去任何时候有利很多。

- 2000年，我们为2 000万客户提供服务，而1999年的客户仅有1 400万。
- 销售额从1999年的16.4亿美元增长到2000年的27.6亿美元。
- 预估营业亏损从1999年第四季度占销售额的26%，缩小到2000年同期的6%。
- 美国市场的预估营业亏损从1999年第四季度占销售额的24%，下降到2000年同期的2%。
- 2000年每位客户的平均支出为134美元，增长了19%。
- 毛利润从1999年的2.91亿美元增长到2000年的6.56亿美元，增长了125%。
- 2000年第四季度，美国有近36%的客户是从我们的“非BMV”①商店购买的，比如电子产品、工具和厨房用品。

① BMV是指图书（Book）、音乐（Music）、录像（Video）。亚马逊还经常用BMVD指称“图书、音乐、录像和DVD”。——译者注

- 国际销售额从 1999 年的 1.68 亿美元增长到 2000 年的 3.81 亿美元。
- 我们帮助合作伙伴玩具反斗城网（Toysrus.com）在 2000 年第四季度销售了超过 1.25 亿美元的玩具和视频游戏。
- 现金和有价证券存留从 1999 年年底的 7.06 亿美元增长到 2000 年年底的 11 亿美元，这要归功于我们在 2000 年年初进行的欧元可转债融资。
- 最重要的是，我们极度专注于客户的服务理念使我们在美国顾客满意度指数的得分达到了 84 分。我们被告知，这是有史以来所有服务行业中服务公司所获得的最高分。

但是，如果公司今天的地位比一年前更好，那为什么股价比一年前低得多呢？正如著名的投资者本杰明·格雷厄姆（Benjamin Graham）所说："在短期内，股市是一个投票机；从长远来看，这是一台称重机。"显然，在 1999 年的繁荣时期，很多股票交易把股市看作投票期，而当作称重的砝码的股票投资买卖却太少。我们是一家想要被投资者"称重"的公司。从长远来看，所有的公司都会被投资者"称重"。在此期间，我们会尽心尽力地把亚马逊打造得越来越"重"。

2000 年致股东信

”

## 长期思维适合任何公司

现在，想象一下摆脱短期思维的负担，而获得专注于长期目标的自由；想一想那座万年钟，它一年只跳动一下。你会做出哪些决定，让公司在从现在起的 3 年后、7 年后或是 100 年后变得更强大？

大多数人都无法想象建造一个万年不朽的东西。但是，这个挑战改变了我们的思维方式。以亚马逊为例，1997 年致股东的信清楚地描述了贝佐斯在管理和决策上的长期思维：

- 我们将持续地专注于我们的客户。

- 我们将继续从保持长期的市场领导地位出发来做出投资决策，而不是根据短期的获利能力或华尔街的短期反应。

- 我们将继续运用理性分析方法来评估项目和投资的有效性，放弃那些无法提供可接受回报的项目和投资，并加大对最有效项目的投资。我们将继续从成功和失败中学习。

- 在我们认为极有可能获得市场领导优势的方面，我们将大胆而不是谨小慎微地做出投资决策。其中的一些投资会有所回报，而有些则不会，但在这两种情况下，我们都将学到宝贵的经验。

- 如果一定要在让 GAAP 会计报表显得好看和让未来现金流现值最大化之间进行选择，我们会选择后者。

- 当我们在竞争压力允许的范围内大胆地做出选择时，我们将与你分享我们的战略决策过程，以便你可以评估我们是否在对长期领导力进行合理的投资。

- 我们将努力精简支出并竭力保持精益文化。我们明白持续强调关注成本的文化的重要性，尤其是对于还处于净亏损的企业来说。

- 我们将在对增长的关注与对长期盈利能力和资本管理的关注之间保持平衡。在目前阶段，我们优先选择增长，因为我们认为规模对于实现业务模式的潜力至关重要。

- 我们将继续雇用和留住复合型人才，并继续将他们的薪酬重点放在股票期权而不是现金上。我们是否能吸引和留住一批积极进取的员工将在很大程度上影响我们的成功。员工中的每个人都必须以主人翁的身份思考，因此他们也必须是企业的实际所有者。

在过去 30 多年里，我为上千家公司提供了咨询服务，我建议，这些想法适用于各种类型和规模的企业，只需要针对特殊情况进行微调。但是，核心的法则可以适用于任何公司，对于希望像亚马逊一样建立业务的公司来说，这是一个非常明显却常常被人忽视的增长课程。

## 像贝佐斯一样提问

**运用长期思维**

Q1: 你是否有你们公司的长期目标清单，包括财务目标和战略目标？

Q2: 你的团队成员是否只因季度或年度绩效考评获得奖励，而其能长期获得回报的行动却得不到任何奖励？

Q3: 你可以怎样改变短期奖励，进而鼓励长期思维？

# 第 6 章

# 法则 6：了解你的“飞轮”

在扩大和利用我们的客户基础、品牌与基础设施方面，我们已进行了诸多投资，而且还将继续积极投资，从而逐步树立一个持久的优势品牌。

1997 年致股东的信

亚马逊商城对客户来说非常棒，因为它增加了独特的选择可能性；亚马逊商城对第三方卖家来说也很棒，因为平台上有 7 万多个年销售额超过 10 万美元的创业者，他们创造了 60 多万个新的工作岗位。借助亚马逊配送服务，飞轮的旋转速度更快，因为第三方卖家的商品也可以享受亚马逊优选服务，所以亚马逊优选服务对会员变得更有价值，而第三方卖家则可以卖出更多商品。

2015 年致股东的信

吉姆·柯林斯在他的畅销书《从优秀到卓越》中，通过“飞轮”这种机械装置来说明为什么有些公司能做到最好，而另一些公司却不行。这个比喻将机械飞轮的物理特性与使公司建立并保持上升势头的动力联系起来。

杰夫·黑登（Jeff Haden）在为 *Inc.*① 撰写的有关飞轮和商业的文章中说：“飞轮的运作很简单。飞轮非常沉重，需要极大的力量才能推动。持续推动飞轮，飞轮就会产生动能，再继续推动，最终飞轮会开始自主转动并产生惯性，那一刻，一家公司就即将从优秀走向卓越。”[20]

如果要非常简单地理解飞轮的工作原理，可以思考一下大型建筑物中的旋转门是如何工作的。你想通过一个静止的旋转门时，要花费很大力气才能使其转动。儿童和力气小的成年人

① *Inc.* 是美国商业杂志，创建于 1979 年，总部位于纽约。它每年出版 8 期印刷刊物，还每日发布在线文章和视频。——译者注

有时需要使出吃奶的力气，才能使旋转门旋转。但是一旦飞轮开始转动并且获得动能，让它们持续转动就基本上不费力了。即使是孩子，也常常可以毫不费力地让转动着的旋转门继续旋转。孩子们常玩旋转门游戏：猛地跳入旋转着的旋转门，跟着它转了一圈又一圈，走得越来越快，然后再猛地跳出来。柯林斯飞轮原理的核心，与旋转门靠推动力旋转的道理是相通的。

在商业领域，请将“飞轮”视为带有轮齿的齿轮。齿轮上的每个轮齿都会增加使飞轮旋转的力量。当年驱动你的业务达到你的目标时，这种力量是核心商业活动带来的推动力。当你开展更多这类活动时，你的飞轮就会受力，最终会开始转动起来，从而为公司的发展带来动能并很难再停止。

飞轮原理的实质是，公司需要首先了解他们想要前行的方向。然后，需要了解哪些活动与他们的目标方向一致，所有这些活动应当朝同一个方向推进，就像轮齿一样和飞轮往一个方向转动。例如，在个人层面的飞轮上，饮食和运动可能是减肥飞轮上的两个轮齿。节食和运动次数越多，减肥飞轮转动得越快。你在减肥计划中获得的动能越多，减肥的阻力就越小。

公司如果根据飞轮原理开展业务，就会考虑长期目标，并依据更大的飞轮目标筛选这些活动。否则，你可能把时间和金钱浪费在可能在短期内有利可图的活动上，但无法建立或保持核心动力。

## 亚马逊的飞轮

柯林斯在 2001 年出版《从优秀到卓越》之前不久，贝佐斯邀请柯林斯到亚马逊，帮助他了解亚马逊的飞轮，并确定哪些活动可以帮助亚马逊飞轮开始转动。图 6-1 就是亚马逊飞轮图。

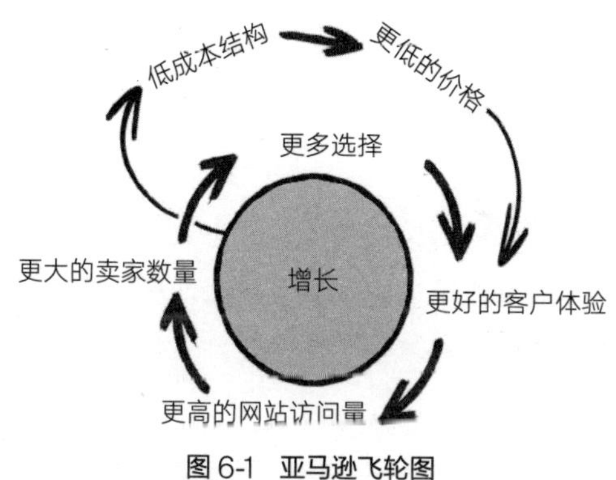


**图 6-1　亚马逊飞轮图**

如图 6-1 所示，增长被确定为公司的主要目标，处于飞轮的中心。飞轮外部的活动是亚马逊使飞轮转动的六件事。也就是说，如果亚马逊持续改进这六个方面，将对飞轮施加持续的力量，而且无论从哪个方面开始都可以获得：

- 更多选择；
- 更好的客户体验；
- 更高的网站的访问量；
- 更大的卖家数量；

- 低成本结构；
- 更低的价格。

最初的草图显示，更低的价格带来更多的客户访问量，更多的客户增加了销售量，而且吸引了更多支付佣金的第三方卖家加入亚马逊商城。这使亚马逊能够从固定成本，比如配送中心和运营网站所需的服务器中，获得更多收益。然后，这种更高的效率使亚马逊能够进一步降低价格。飞轮的任何部分更快地运转，都将加速整个循环，从而带来更快的增长。

亚马逊飞轮也称为良性循环，其中复杂的事件连接通过反馈回路增强了自身作用。它定义了加速增长所需的东西，这一飞轮时至今日仍然保持不变。

亚马逊这个明显的例子，诠释了理解自身飞轮的力量是如何使公司建立动能并抵抗阻力的。亚马逊于 2017 年对全食超市的收购，也很符合其飞轮特性。亚马逊的首席财务官布赖恩·奥尔萨夫斯基（Brian Olsavsky）在亚马逊的财报电话会议上解释了收购全食超市的原因。

> 我将说明，我们确实发现与全食超市合作有很多发展业务的机会。正如我已经提到的，在“当日达”（Prime Now）、“亚马逊生鲜”、全食超市、亚马逊网站上的全食超市店铺、全食超市门店内的“亚马逊储物柜”之间将有很多合作。因此，随着我们前进的步伐，将会有更多的整

合、相互接触点以及合作。而且，我们还将开发新的商店模式和其他服务，就像我们在收购全食超市之前就谈论的那样，比如亚马逊图书门店、亚马逊无人商店以及其他新技术带来的机遇。我们已经有校园书店了。

所以，我们正在尝试多种模式。我认为，全食超市确实在这方面为我们提供了良好的基础，使我们一开始就可以考虑多种拓展。全食超市团队成员经验丰富，他们拥有 10 ～ 20 年的工作经验，我们可以互相学习，取长补短。因此，我们非常兴奋，我认为通过合作，将发挥我们的不同优势并真正能够代表客户建构出新的东西。[21]

我们很快就将看到亚马逊对全食超市的收购如何帮助亚马逊加大推力，使增长飞轮转得更快。

奥尔萨夫斯基明确表示，亚马逊认为收购全食超市，为亚马逊增加了很多的选择，比如，在全食超市的门店内放置收货储物柜，为不希望让包裹留在家门口的客户提供了更好的收货体验。亚马逊收购全食超市之后，下调了全食超市商品的价格，因为全食超市以前总因高价而饱受诟病。

飞轮还可以充当“决策杠杆”，企业可以利用这个筛选工具，评估需要在哪方面集中资源以及如何集中。

以亚马逊的飞轮为例，亚马逊在决定是否要进行一个有利可图的业务活动时首先必须自问，这是不是一个机会，能否改善飞轮上的某个或多个轮齿所代表的表现。如果是这样，那么这个机会值得进一步评估。如果不能，那充其量只是阻碍飞轮旋转的障碍。虽然从机械角度讲飞轮的概念，可能需要我们重新回顾中学物理知识，但在商业中的飞轮概念却相对简单：了解你的飞轮，会让你将时间和精力集中于某些事项，而这些事项有助于产生动能，助推你走向你的目标。飞轮上相关活动的方向越一致，你建立的自我强化循环就越顺畅，并且在构建过程中为加快增长而采取的每项措施所获得的动能就越大。就像吉姆·柯林斯所说的那样，那一刻，一家公司会真正起飞并从优秀走向卓越。

## 从飞轮的角度审视亚马逊优选计划

亚马逊为了驱动飞轮而建立业务的另一个例子，是亚马逊优选计划。这个计划最初很简单，而现在已经覆盖了亚马逊飞轮的好几个方面。

从飞轮的角度来看，亚马逊于 2004 年推出了亚马逊优选计划，提供无上限的快速免费送货服务。贝佐斯被一再告知这个计划存在风险，但他知道亚马逊优选计划将带来更好的客户体验、吸引更多的流量并增加更多的便利，这些正是亚马逊飞轮的三个方面。

这是一笔巨大的投资，但是亚马逊免费送货服务获得了积极的成果，极低的成本能使客户得到更便利的体验，可以为亚马逊创造更大的动能。贝佐斯在 2014 年致股东的信中分享，有分析师曾预测，如果亚马逊的规模化达到一定程度，它将大幅降低快速送货的成本。亚马逊的大笔赌注获得了回报，专为亚马逊长期增长而设计的飞轮也越转越快。随着发展，亚马逊优选计划增加了越来越多的功能，相继增加了音乐、流媒体视频、照片存储、借阅 Kindle 电子书等。

> 请注意从亚马逊优选计划会员的角度来看这些事情。每当卖家加入亚马逊配送服务时，亚马逊优选计划会员都会获得符合优选计划资格的更多选择，会员的价值也提升了。对于我们的飞轮而言，其功能非常强大。亚马逊配送服务完成了闭环：亚马逊商城将动能注入亚马逊优选计划，亚马逊优选计划反过来也将动能注入亚马逊商城。
>
> 2014 年致股东的信

换句话说，原先的亚马逊优选计划的功能帮助了亚马逊商城成长，反过来，亚马逊商城也为亚马逊优选计划增加了更多功能。而这些功能又进一步为参加亚马逊优选计划的客户增加了更多的便利、更多的选择以及其他更好的客户体验。这使飞轮旋转得越来越快，进而为亚马逊及其客户创造了更多收益和便利。

## 创建你自己的飞轮

要建造自己的飞轮，只需要从柯林斯的图书中寻找答案：《从优秀到卓越》以及柯林斯的《转动飞轮》2019 年特刊（原书的伴读指南）。柯林斯在介绍特刊的网站上要求读者自问以下问题，思考如何确定自己的飞轮[22]：

- 你的飞轮如何转动？
- 你的飞轮中有哪些轮齿？
- 你的飞轮的顺序是什么？

你的飞轮很可能与亚马逊的飞轮不同。但是，飞轮概念对于每个组织都适用。例如，奢侈品厂商的飞轮上可能没有“更低的价格”，它可能对优质材料具有更强大的购买能力，而优质材料是其业务盈利能力的重要组成部分。因此，确定你的组织中关键的部分很重要。

在创建自己的飞轮时，请记住，要使飞轮正常工作，就必须考虑适合你的业务的特定目标。亚马逊飞轮的设计思路是帮助亚马逊发展。如果你也为了增长而设计飞轮，那么是什么驱动飞轮开始转动呢？飞轮核心的轮齿是什么？它们是否按顺序协同工作，潜在地强化一个正循环？

飞轮的概念有助于为任何行业中的任何企业提供清晰的信息和驱动策略。它可以帮助组织了解要承担的风险、机遇以及应避免的风险。请记住，当你通过飞轮筛选决策并集中资源完成那些让飞轮开始转动的业务目标时，你将像亚马逊一样获得动能并快速成长。

**像贝佐斯一样提问**

**了解你的“飞轮”**

Q1:　公司飞轮的中心是什么？

Q2:　使飞轮转动的主要驱动因素或活动是什么？

Q3:　这些驱动因素如何形成正循环，使公司的飞轮旋转得更快？

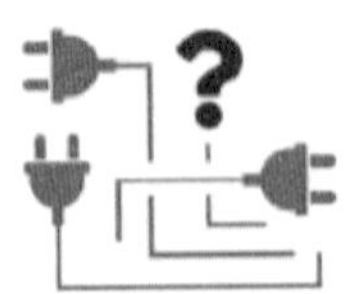

法则 7:
生成快速决策

法则 8:
化繁为简

法则 9:
以技术换时间

法则 10:
提升所有权意识和主人翁精神

# 第三部分

# 成长周期第三阶段：加速

对于亚马逊而言，加速就是采用经过测试和构建的产品，为它的增长提供超级动力。加速需要公司尽快地做出决定，推动已经过研究和获得关注的提议落实。

它要求尽可能简化一切，以消除提议与实现市场化之间的任何摩擦点。它需要创造性地使用技术以快速推进。

当你承担了战略风险并获得支持向前发展的资源或条件时，无论是硬件、软件、产品、业务扩展还是其他，你都可以利用技术使你的努力最大化。

为了获得最成功的结果，以每个提议为中心的充满激情的团队是不可或缺的。加速的过程使亚马逊成为一家节奏极快、充满活力的公司。

第 7 章

# 法则 7：生成快速决策

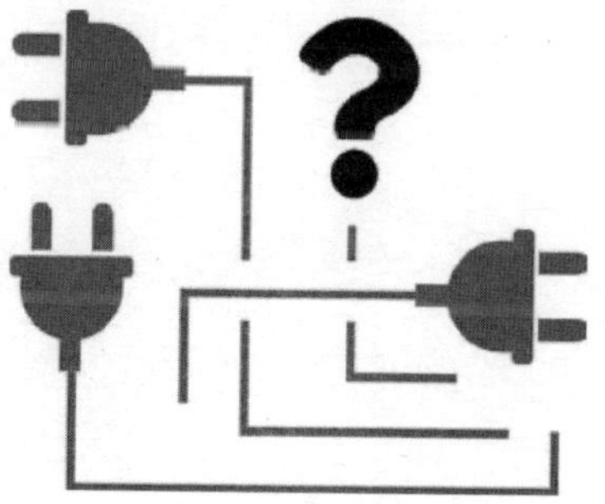

亚马逊的高管团队决心保持快速决策的水平。速度对商业至关重要，而且一个高速决策环境会更加有趣。

2016 年致股东的信

虽然我与贝佐斯素未谋面，但是我可以很肯定地说，他非常憎恶浪费时间。

很多公司会在决策时真正陷入裹足不前的境地。通常公司越大，决策就越慢，即使是一些并不那么重要的决定。贝佐斯深知，要让决策过程变得更有效率，就必须同时具备一套哲学体系和一套方法论。在经过测试和构建阶段后，企业已准备好了加速发展业务。但是，贝佐斯指出，如果人们做决策的方式不对，那么要实现有意义的增长仍然可能会遇阻不前甚至脱轨。他说：

> 即使是业绩非常好的一些大型组织，也会陷入一些微妙的陷阱，这种情况难以避免。我们必须让整个组织学习如何防范这些陷阱。大型组织经常遇到一个陷阱，既降低速度又有损于创新能力的一个陷阱，即“一刀切”的决策方式。

有些决策是必然的、不可逆的或几乎不可逆的，即单向的。做出这些决策的过程必须是有条理的、谨慎的、和缓的，要经过认真的考虑和协商。如果你冒失地穿过单向门，却不喜欢门背后的景象，那你将无法回到过去。我们可以将这些决策称为第一类决策。

但是，大多数决策并非如此，第二类决策是可变的、可逆的，即双向的。如果你做出的第二类决策不够理想，那么你其实不必长时间承受其后果。你可以重新打开门，然后回到过去。应该由具备高度判断力的个人或小团体来做出第二类决策。

随着组织规模的扩大，大型组织似乎倾向于在大多数决策（包括许多第二类决策的情况）中采用重量级的第一类决策过程。这样做的最终结果是缓慢的决策过程、不周全的风险规避、不充分的测试，随之是创新锐减。

2015 年致股东的信

”

贝佐斯看待决策的方法，始于他认识到不应该对所有决定一视同仁。因为那样不仅浪费时间，还增加了意外风险。清楚你所面对的决策是哪一种类型，是快速决策和使风险回报最大化的第一步。

在当今快节奏的经济环境中，企业很少有机会像几年前那样慢慢做决定。因此，陷阱就出现了：要么公司停滞不前而无法做出任何决定，要么他们急于做出重大决策而之后面临不必要的风险。

贝佐斯通过阐明两种类型的决策来解决此问题：

- 第一类决策是具有重大后果且无法后退的重大决策。
- 第二类决策是可以更改或推翻的决策，而且不会因此就导致企业倒闭。

贝佐斯知道，大多数失败不是致命的，大多数决策并非不可逆转。贝佐斯意识到大多数决策实际上是第二类决策，他鼓励人们迅速做出决策。他说：

> 我们不知道所有的答案，但以下是我们的一些想法。
>
> 首先，切勿遵从一刀切的决策流程。许多决定都是可逆的、双向的。对于这些决定，可以采用轻量级过程。对于这些决策，如果你错了又会怎样呢？
>
> 其次，当你获得所需的全部信息的 70%时，就可以做出大多数决策了。如果你一定要等到获得 90%的信息，在大多数情况下，你可能就已经晚了。另外，无论怎样，你都需要善于快速识别和纠正错误决策。如果你能及时纠偏，那么犯错的代价就可能远低于你的想象，而慢一步纠错则肯定会付出高昂的代价。

> 最后，“搁置争议一起努力”。这将为你节省大量时间。如果你仍然对某个方向充满信心，即使在没有达成共识的情况下，那么你也应该说：“瞧，我知道我们在这一点上还没有统一意见，但是你们会跟我一起赌一把吗？搁置争议一起努力？”这时，谁也没有肯定的答案，你可能会很快得到他人的支持。
>
> 2016 年致股东的信

”

毫无疑问，贝佐斯愿意冒险做出可能错误的决定，因为这样做有利于快速做出那些不良后果较轻微的决策。正如贝佐斯所言，许多公司随着增长而放缓决策步伐。尽管领导者很自然地希望通过确保小心谨慎地决策，从而保护已有的成就，但把每个决策都当作第一类决策来对待，结果常常适得其反。

亚马逊能实现快速决策的原因在于，亚马逊的 60 多万名员工都被授权在面对第二类决策时可以快速行动。优秀的领导者知道如何做出正确的决策。在亚马逊，每个人都被视为领导者，无论他们的工作或职位是什么。他们知道第一类决策和第二类决策之间的区别。他们为每个决策投入适当的时间和精力。他们感到被赋权表达自己的意见并且即使不同意同事的决定，也会尊重对方。

**亚马逊领导力原则**

**搁置争议一起努力**

**领导者有不同意见，即使感到不舒服或筋疲力尽，他们也会以很尊重的方式对决策提出异议。领导者有信念并且坚韧。他们不会为了凝聚力而妥协。一旦做出了决定，他们将全力以赴。**

其中的关键是，并不是每个人都必须同意公司做出的每一个决定。贝佐斯从不要求某个决定都获得一致投票，相反，他强调决策公布后的全力以赴。这是亚马逊的一种哲学，他们努力使之渗透到企业文化的每一部分。

## 通过快速决策加速企业成长

亚马逊的经验清楚地表明，快速决策的第一步，是要建立一种能够接受小挫折且实践动态的发明与创新的文化。亚马逊增长法则的第一条指明，亚马逊鼓励“成功的失败”，这使亚马逊人可以承担较小的风险并能评估问题所在，将问题转变为未来的成功。

亚马逊所营造的鼓励实践动态发明与创新的文化，创造了良好的测试环境。这个法则的含义与一句古老的体育格言类似：“最好的防守就是进攻。”押注大梦想就是进攻，它胜过所有无法解决问题的小主意。以亚马逊为例，少数的创意每年带来几十亿美元。这使亚马逊可以继续前进，哪怕有些事情不一定会如其所愿。

这些法则如何带来快速的决策呢？

“成功的失败”的文化，使所有级别的员工更容易接受第二类决策，而无须惧怕失败，员工可以自由地快速做出这类决策。同时，“实践动态的发明与创新”势在必行，创造了一个环境，使团队成员渴望将新点子付诸行动，而不是无休无止地辩论下去。

**亚马逊领导力原则**

**对行动的偏好**

**速度在商业中至关重要。许多决定和行动是可逆的，不需要大量研究。我们珍视有备而来的冒险精神。**

首先，每个领导者都必须训练自己的团队，使之能够评估一个决策是否有利并迅速采取行动。重中之重的是，他们必须与团队讨论第一类决策和第二类决策的定义。其次，他们必须讨论清楚第一类决策和第二类决策各自应有的决策过程，以在两者之间划清界限。最后，他们必须向每个团队成员时刻提醒公司一贯秉持的宗旨和文化。

第一类决策是几乎不可能撤消的。贝佐斯称这些决策为“单向门”。出售公司应该算第一类决策了。它不大可能被逆转。在没有敲定其他工作机会的情况下裸辞，也应该是第一类决策。还有一些决策虽然是可逆的，但可能会造成严重的后果。

第二类决策通常是可逆的，即使这个过程比较困难。正如贝佐斯所说，它们是“双向门”。例如，开展一项副业增加收入，如果没有成功，也很容易掉头。对于企业而言，它可能是提供一项新的服务或引入一个新的定价机制。即使这些决策没有奏效，也是可以改弦更张的。

让员工不忘公司的宗旨，将有助于建立无惧冒险的文化。这将使团队成员获得快速、安全地做出决策的自由。在实施了赋权员工根据决策的类型评估和采取相应行动的流程之后，经常可以看到团队花费的成本更低了，能更理智地承担风险了，而最后的结果也常常更好了。在做出第二类决策方面有自主决定权和清晰层次的员工，往往在工作中变得更加主动和高效。但这并不意味着，你应该容忍愚蠢或重复的失败。我的建议是，当决策确实有些许风险但负面影响较小时，你应该偏向于付诸行动而不是放弃。

这就是贝佐斯一直对亚马逊团队传授的内容。如果出现问题，那就请从发生的问题中去学习吧，这样你就会知道下次如何做得更好。万事开头难。要让员工知道，他们必须有能力证明自己的决定是正确的，而你相信他们可以决定什么是最好的，并且知道一旦他们发现另一种行动方案更好时，他们也会搞定的。

假使有人滥用流程或者多次犯同样的错误，亚马逊会怎么办呢？他们绝不容忍无能。这就是为什么亚马逊如此重视聘用合适的人。但是，即使是合适的人也会犯错，所有人都会犯错。亚马逊了解这一点，所以他们需要的人，是那些知道如何通过明智地承担风险并将错误的负面影响限定在可接受范围内的人。他们甚至在面试中询问应聘者的失败经历。

事实是，在快速决策方面最成功的企业在采取行动之前，甚至在确知要尽快采取行动之时，就十分清楚以下事项：

- 你要去哪儿。
- 要达到目标需要承担的风险的种类和数量。
- 风险和承担风险是你未来的资产与投资。
- 承担适当数量和种类的风险，可以最大化你的风险回报并减少未达成目标之前的负面影响。

快速决策是一个动态的过程。从适合公司文化的决策速度来看，每家公司都有一个不同的受力点。在一个组织内，也有整体组织的受力点以及在各个部门或特定人员的微观层面上的受力点。快速决策不是发布命令的“令牌”，而是一项应当被采用的整体业务增长策略。如果在区分第一类决策和第二类决策时遇到麻烦，请注意以下两点：

- 第一类决策通常更具战略性，而第二类决策往往更具操作性。

- 第一类决策通常涉及改变你正在做的事情，而第二类决策往往只是与你正在做事的方式相关。

贝佐斯认为，两者都很重要，在亚马逊工作的每个人都应该一直牢记两者之间的差异。每家企业或组织都需要定义自己的第一类决策和第二类决策。请记住，判断的标准是哪些决策比较容易逆转，找出第二类决策，此外如果不好确定，那就默认为可以快速决策。

## 亚马逊的六页备忘录

贝佐斯为了实现快速决策，要求亚马逊员工在每次决策会议之前准备六页备忘录。六页备忘录还被称为六页君、六页备忘、六页叙事。我们凭直觉认为这个方法似乎放慢了决策。撰写备忘录并在会议开始前阅读它们，其实先徐后急，将极大提高工作效率。

决策的速度至关重要。但是，全面而明智的决策对于业务增长生死攸关，尤其是第一类决策。

这就是为什么高速发展的亚马逊的工作方法之一是讲清楚六页备忘录。这个步骤有意识地减慢了决策的速度。六页备忘录是围绕一个新想法创建的文档，采用讲故事般的叙事手法，反映了你围绕这个新想法的思考过程。它清楚地说明了你的想法或一个项目，就好像你正在与某人交谈并向他解释新想法背后的原因一样。人们彼此交谈时，不是以要点的方式来探讨的。六页备忘录的表达是描述性的，阅读起来像是在看有趣的书，而不是在看一张枯燥的饼图，不过其后可能附有辅助数据和信息。

讲清楚六页备忘录是创意调查过程的第一步。它可能与设计一个新产品有关，或者与朝新方向发展、建立新流程有关。但是无论如何，承担风险都不是轻而易举的。每一个新的创意都是需要深入探索的。

六页备忘录的一个独特之处，就是让每个人都展望未来。实际上，这恰合贝佐斯的想法。观点也开始从“这是否可行”，转变为“当 xx 达成时，xx 就会发生了”。这是观念上的转变。新想法的提出者事先考虑到了积极和消极两方面的后果。

第一类决策不适合立刻做出。讲清楚六页备忘录的过程，可确保在新想法被批准进行更多测试和投入更多资源之前，每个人都非常深入地了解情况。通常新想法提出者创建一个六页备忘录的思考过程，也丰富并改进了想法本身，并确保该想法在被通过之前就很棒。但是，亚马逊通常要求员工在没有任何资金的情况下想出实现目标的办法，这需要非凡的创造力。

大多数情况下，每次会议都需要备忘录。对于较大的决策，可能要写满六页备忘录，而较小的决策可能只需要一两页。关键是，你必须在进会议室之前，就彻底地通盘考虑了所有细节。

凭借六页备忘录，每个人都做到了信息同步。虽然准备六页备忘录比随便制作几张幻灯片或者罗列一页要点清单要难得多，但它使写作者清楚地阐明他们的观点和思路。如果某个想法最终没有奏效，那么大家都可以回溯最初的六页备忘录，看看他们可能错过了什么。六页备忘录中有“事前简报和详细汇报”。

“

我们不在亚马逊做幻灯片演示或其他任何类似的文稿演示。相反，我们创建叙述性的六页备忘录。我们在每次会议开始前，都默默地阅读备忘录，如同在研究室一样。这些备忘录的质量参差不齐。有些备忘录读起来犹如天使般歌声那么美妙，其中的想法非常好，在会议上引出高质量的讨论。但有些备忘录却完全相反，令人读不下去。

以手倒立动作为例，识别出高标准非常直接简单。详细列出标准手倒立的全部要求并不难，然后你可以选择要么做，要么不做。而写作则非常不同。一份出色的备忘录与一份普通的备忘录之间的界限很模糊。要写一份出色备忘录的详细要求，是非常困难的。尽管如此，我发现很多时候阅读者对出色的备忘录的反应非常相似。他们一望即知备忘录的好坏。标准即使不容易描述，却也是真实存在的。

我们发现，备忘录不够好，并不是因为写作者无法识别高标准，而是错误估计了开始写备忘录需要提前的时间：他们错误地以为，在一两天内甚至几个小时内就可以写出一份高标准的六页备忘录。而实际上，可能需要一周或更长时间！出色的备忘录需要反复修改，与同事共享，请他们帮忙改进备忘录，再放下几天，然后以新的心态再次修改。出色的备忘录是无法在一两天内完成的。其中的关键点是，你可以通过尽早开始这样的简单行动来改善结果，一份出色的备忘录可能需要一周或更长时间去完成。

备注：按照亚马逊的传统，备忘录上永远不会出现写作者的名字，备忘录来自整个团队的智慧。

2017 年致股东的信

”

正如贝佐斯所指出的那样，写出一份六页备忘录可不是某一个人的工作，而是一个共同协作的过程。你在组织中的职位越高，其他人就越有可能与你一起完成这份六页备忘录。通常，高管要花一周或更长的时间与同事共享备忘录，获取反馈并对其进行细化和调整，直到对所有可能的方面都进行了深思熟虑。在亚马逊职业生涯中可能发生的最糟糕的事情之一，就是把一份糟糕的备忘录提交给高管团队。

六页备忘录还有一个好处是，创建一份出色的六页备忘录需要写作者付出大量的精力，大大减少了开会的次数。如果你必须花一周的时间来写一份备忘录，那么你绝对不会在冲动之下随便发出会议邀请。而且即使召集会议，会议的规模也不大，因为公司的政策是将出席人数限定在仅有必要出席的人员之内。贝佐斯还制定了“两个披萨饼规则”，规定与会者人数应当不超过吃两个大号披萨饼所需的人数。

每次会议都是以 30 分钟的安静阅读时间开始，每个人都仔细阅读备忘录。然后，所有与会者都要分享他们的第一感受，高层管理者通常在最后讲话，然后深入挖掘可能遗漏的内容，提出针对性问题并深入讨论可能出现的任何潜在问题。

> 我绝对推荐使用六页备忘录，而非求助幻灯片。顺便说一句，我们之所以在会议室读备忘录，是因为高管们就像高中生一样，可能会在会议上虚张声势，好像他们真的读了备忘录一样，因为他们很忙。因此，你必须真正留出时间来阅读备忘录，也就是会议的前半个小时。这样就能保证每个人都阅读了备忘

录，而不再只是假装阅读了。这个方法非常有效。

——2018 年领导力论坛，“与杰夫·贝佐斯的总结对话”[23]

亚马逊机器人杰出工程师兼技术副总裁布拉德·波特（Brad Porter）对这一流程如何有效提出了一些见解：

请想象一下，你所参加会议的每位与会者都对会议主题有很深的了解，也对你的业务的关键数据了如指掌。每个人都理解你所遵循的核心法则，并内化了将其应用于决策的方式。

如果不会经常被那些澄清基础事实的问题打断，那该多好；如果会议的讨论不是基于会议开始前社交网络上的风言风语，那该多好；如果公司的高管能够从你的角度理解你的团队，而不是武断地说他们比你更了解如何去做你该做的事情，那该多好；如果大家能够一起审视核心数据，而不是让某一个人总结数据，然后他断言那个相关性就是因果关系，却不说明他们的工作过程，那该多好啊！而这，就是在亚马逊参会的感觉。这种感觉真的很神奇。[24]

## 六页备忘录的组成部分

亚马逊网络服务副总裁桑迪·卡特（Sandy Carter）在一次线上演讲中，谈到了六页备忘录。她当时刚入职亚马逊，必须学习如何撰写和构建备忘录。以下是她觉得应该写入备忘录的内容（括号中的注释是我加上去的）。

## 创建六页备忘录的步骤

创建六页备忘录有以下 5 个步骤。

- 撰写新闻稿（这是将来在项目启动时你要发布的新闻稿，介绍该项目及其重要性）；
- 编写常见问题解答（提前回答人们会问的常见问题）；
- 定义用户交互（解释它的工作方式）；
- 编写手册（给出有关其工作方式的说明）；
- 回答以下问题：
  - 谁是客户？
  - 客户的问题或机会是什么？
  - 最重要的那一项客户利益是什么（这是一个仅能选择一项利益的单选题，但请一定选择最重要的那一项）？
  - 你如何知道客户的需求（论证项目的肇始）？
  - 客户体验会是什么样（预测客户将如何反应和响应）？

## 六页备忘录的价值

通过创建出色的六页备忘录，来放慢做出重大决策的速度，并通过更快地做出风险更低的第二类决策来加速前进，亚马逊这个独有的方法，无疑是成功的。从长远来看，它帮助亚马逊整体上更快地前进。

一方面，六页备忘录的叙述形式迫使写作者思考问题并以讲故事的形式提出想法，从而使与会的阅读者更好地融入会议之中。大多数人都同意，我们的大脑欣赏和理解故事的方式，与其处理原始信息的方式非常不同。最终，六页备忘录的目的是将想法传达到位，并确保在实施这个想法时，得到了适当的关注、周全的考量，使之能够嵌入亚马逊的飞轮。

另一方面，当每个人都有权做出第二类快速决策时，那些做出可能产生重大后果的第一类决策的人们，就可以腾出精力去关注最重要的事情。

正如贝佐斯所说，大型组织的陷阱之一是它们动作并不敏捷，而公司规模越大，决策所需的时间就越长，哪怕是次要的决策。慢速决策使快速决策成为可能，反之亦然。这是判断如何做出决策的标准和底线。这种全过程的决策流程，有助于加速亚马逊的发展并继续保持其飞轮的动能。

## 贝佐斯的特别提示

贝佐斯仅有一次在致股东的信中，引用了他希望股东阅读的另一份文件。显然，他发现它太重要了，一定要特别指出。他在信中写道：

“

《“非结构化”决策过程的结构》（*The Structure of “Unstructured” Decision Process*）是亨利·明茨伯格（Henry Mintzberg）、杜鲁·雷辛哈尼（Duru Raisinghani）和安德烈·西奥雷特（Andre Theoret）在1976年发表的一篇引人入胜的论文。他们着眼于机构如何制定战略性、非结构化的决策，而不是那些更具量化性的运营性决策。你在这个论文中会发现很多有价值的建议，其中之一就是：“管理科学家对运营性决策的过度关注，可能会导致组织采取不适当的行动方针。”他们并没有去否认严格的定量化分析的重要性，而是指出，定量化分析得到的大量研究和关注，可能就是因为它更加易于定量化而已。

2005年致股东的信

”

## 像贝佐斯一样提问

### 生成快速决策

Q1：你是否具有区分第一类决策和第二类决策的机制？你团队中的每个人都了解二者的差异吗？

Q2：你是否有适当的系统来做出第一类决策？你的六页备忘录是什么样的？

Q3：你是否有一种机制可以快速做出第二类决策？

第 8 章

# 法则 8：化繁为简

……Kindle 使读者方便购买更多图书。每当你造出更简单且更便利的东西时，你就能从中得到更多。

2007 年致股东的信

在一个圣诞夜，我和我的妻子、女儿、女婿以及四个可爱的外孙、外孙女（五岁、三岁、一岁半和一个新生儿）在他们位于匹兹堡的家里团聚。我女婿父母家也一起来过圣诞，所以有不少礼物要打开。到了深夜，地板上到处都是卡车、恐龙、图书、拼图玩具和包装纸。在这欢乐的气氛中，大人们为防儿童划伤，正努力用剪刀和小刀将玩具从硬质塑料包装中一一取出来。

孩子们热切地盼望着玩具，等不及要玩耍，而大人们试图更快地拆开包装，还要提防戳着眼睛或划伤手指。虽然说这是一个开心的时刻，但从包装中取出玩具还是很费劲儿的，不过亚马逊的玩具除外，因为这些玩具都采用了无挫包装。

为什么大多数产品厂商都拒绝做点努力，消除客户打开产品包装时的挫败感呢？主要原因有两个：摆在货架上的产品的包装要有助于销售产品，比如提高可见性；包装要保护好产品，直到有人购买为止。将产品从包装中取出，并不是厂商在意的问题，他们只需要确保产品外观吸引人、客户能拿到完好的产品就行了。特别是对于玩具来说，当父母带着孩子在店内的货架通道浏览时，摆在恰好的位置上的超级英雄或美丽公主最能吸引孩子们的注意力。父母常常不得不在买玩具带回家和孩子耍赖发脾气之间做选择。我承认，作为父母，我有时会选择前者。

但是，亚马逊没有货架或者通道。它只有商品列表。亚马逊不需要去抢合适的货架位置摆放产品。它通过图片、视频、文字描述和客户评论来销售产品。亚马逊没有供顾客走来走去的货架通道，取而代之的是可以上下滚动的产品列表，而且可以无限地容纳图片和视频。

以前客户从亚马逊购买商品后，得沮丧地费力打开那些专为传统零售店设计的包装，其实他们根本不需要这类传统包装的所谓好处。因此，在 2008 年，贝佐斯和他的团队决定，必须解决这个痛点：他们决定消除复杂的传统做事方式带来的困扰，并采用更高效、更简单的产品包装。

“无挫包装”是，亚马逊与产品制造商合作，为在亚马逊上出售的商品特殊制作的仅限亚马逊的包装。包装必须易于打开和回收。不烦琐，无须剪刀，没有皮箍。不会让客户在拆包装时有挫败感。这个想法也使客户可以在传统包装和无挫包装之间做选择。因此，如果你订购了一个产品作为礼物，并且希望收件人知道这是个崭新的货品，就可以在结账时选择传统包装。如果你不偏爱传统包装，则可以选择无挫包装，轻松享受一个更快乐的假期或生日聚会。如果你经历过与我们过圣诞节相似的事情，那么选择无挫包装似乎是理所当然的。亚马逊倾向无挫包装的原因则是，这项服务符合亚马逊的典型客户体验：在线订购既简单又轻松。

亚马逊消除客户的挫败感，收到了巨大的回报。在 5 年之内，亚马逊的无挫包装计划大受欢迎。贝佐斯描述了该计划在最初 5 年的起源和发展：

> 我们越来越讨厌烦人的金属丝扎带和吸塑包装，想尽办法去掉它们。无挫包装计划始于 5 年之前，最初的想法很简单，即客户不应冒着受伤的风险去打开电子产品或玩具的包装。现在该计划已经覆盖超过 20 万种产品，所有产品均采用易打开的可回收包装，旨在缓解“包装怒”症状并通过减少包装浪费来保护地球。
>
> 我们有 2 000 多家参加无挫包装计划的制造商，包括费雪玩具、美泰玩具（Mattel）、联合利华、贝尔金消费电子制造商（Belkin）、瑞士维氏腕表（Victorinox Swiss Army）和罗技电子产品（Logitech）等。现在，我们已经向约 175 个国家和

地区销售了上百万件无挫包装产品。我们还在帮助客户减少浪费，迄今消除了约 1 500 万吨的多余包装材料。

这个计划是宣传团队始终专注于为客户服务的完美范例。经过艰苦奋斗和坚持不懈，这项创意最初只包括 19 种产品，如今已扩展到几千万种产品，使数百万的客户受益。

2013 年致股东的信

”

无挫包装计划的重点是为客户减少一个最大的烦恼。从亚马逊买的无挫包装玩具，确实打开的时候不会让人有挫败感。越来越多的厂商开始注意到他们的传统包装，这种包装的目的是使产品在实体商店的货架上脱颖而出，却不适用于希望将物品直接送到家门口的客户。亚马逊自夸无挫包装更加可持续、尺寸合适，而且由可回收材料制成。包装的设计易于打开，甚至可以减少运输过程中对产品的损坏。这一创举有利于亚马逊、客户和地球环境。它做到了化繁为简，完美三赢。

## Kindle，让藏书和携书出行更简单

如果你深入了解电子阅读器，就会发现 Kindle 是化繁为简的最好例证。当然，简单是对用户而言。

已故的埃弗里特·罗杰斯[①]将臭鼬工厂[②]定义为一个“有助于让一小部分人逃离日常组织流程的烦琐，集中精力设计新点子的滋养人才的环境”。[25]Lab126 就相当于亚马逊的臭鼬工厂，它是为了开发硬件而创建的，从此亚马逊开始向开发实体产品转变。它的第一个成功作品是电子书阅读器，后来被称为亚马逊 Kindle。

贝佐斯在 2007 年致股东的信中用了大量篇幅，介绍亚马逊 Kindle。他在开篇就写道：

> 2007 年 11 月 19 日是一个特殊的日子。经过 3 年的探索，我们推出了亚马逊 Kindle。
>
> Kindle 被广泛地报道和讨论，许多人可能已经或多或少了解了 Kindle，我们觉得很幸运也很感激。简而言之，Kindle 是一种专用的阅读设备，可无线访问超过 11 万本书、博客、杂志和报纸。它可以使用 WiFi 无线网络，还可以使用数据网络，这意味着无论你在家里躺在床上或出门在外时，它都可以无碍

① 埃弗里特·罗杰斯（Everett Rogers），美国当代最著名的传播学学者，知名的社会学家、作家及教师。——译者注

② “臭鼬工厂”这一绰号来自洛克希德·马丁公司，因当时其工厂毗邻一家散发着恶臭的塑料厂，员工不得不戴着民防用防毒面具来上班。一位工程师对劳动环境表示不满，而给自己小组起了“臭鼬工厂”的诨名。臭鼬工厂有着高度自治的管理模式，避免组织内部受限于官僚主义。——译者注

连接网络。你可以直接从 Kindle 上购买一本书，整本书将在 60 秒之内完成无线下载供你阅读。这并不牵涉任何“无线计划”，不必遵守长年合同，也没有月服务费。它具有类似纸质书质感的电子墨水显示屏，即使在明亮的日光下也易于阅读。第一次看到显示屏的人无不对它赞赏有加。它比纸质书更薄、更轻，可以容纳 200 本书。查看亚马逊上的 Kindle 详细信息页面，你会发现 Kindle 已经收到了 2 000 多条客户评价。

经过 3 年的工作，我们真诚地希望 Kindle 会受到市场的追捧，但实际结果更好，超出了预料。我们刚开售 5 小时 30 分钟，Kindle 就全部卖光了，供应商和制造团队不得不争分夺秒地增加产量。

我们首先设定了公认的大胆目标，即改进纸质书。我们并非随便选择了这个目标。任何以大致相同的形式存在了 500 年而且抵御了种种变化的东西，都不太可能被轻易改变。在设计过程的开始阶段，我们首先确定了我们认为书籍最重要的功能。那就是它会悄然隐遁。你阅读一本书时，不会注意到纸张、墨水、装订的胶水和针眼。所有这些都消失了，剩下的只是作者的世界。

我们知道，Kindle 必须像纸质书一样，必须做到不妨碍阅读，这样读者就可以潜心于词句，而忘记了他们是在一个电子设备上阅读。我们也知道，不应该尝试复制纸质书每一项细小的功能，我们永远都不能比纸质书更接近其本质。我们必须添加那些传统图书所无法实现的新功能。

我将重点介绍 Kindle 一些有用的功能，这些功能是纸质书不具备的。如果你遇到一个不认识的单词，你可以轻松查找。你可以搜索图书，你的页边笔记和下划线存储在云服务器中，不会丢失。对于你正在阅读的每本书，Kindle 会自动停留在你当前阅读的位置。如果你的眼睛疲倦了，可以更改字体大小。最重要的是它给客户带来无缝连接的体验，而且可以在 60 秒内找到和下载一本书。我第一次看到人们体验 Kindle 时，发现这种功能显然对他们产生了深远的影响。我们对 Kindle 的愿景是，每本以任何语言印刷的图书都可以在 60 秒之内获得。

2007 年致股东的信

”

在 2007 年 11 月发布 Kindle 时，亚马逊在线商店提供了 8.8 万多种数字出版物。这数量实在惊人。而现在，Kindle 上提供了几百万本图书。亚马逊将继续围绕 Kindle 电子阅读器构建整个生态系统。

Whispersync 是亚马逊提供的一项 Kindle 服务，确保无论你身在何处，无论随身携带何种设备，都可以访问你的阅读库以及你所有的标记、便笺和书签，并在 Kindle 设备和移动应用之间做到完全同步。后来 Kindle 还添加了有声读物，而且包含 Audible，因此你可以听一本书，然后无缝转移到阅读。

> 这项服务面临的技术挑战是，要以每周 7 天、每天 24 小时不间断的可靠性，使 100 多个国家和地区成千上万的 Kindle 用户，实现虽然使用数百种不同类型的设备，却同时拥有数以亿计的图书。Whispersync 的核心，是最终一致的复制数据存储，具有应用程序定义的冲突解决方案可以处理持续数周或更长时间的设备分离。当然，我们对 Kindle 的用户隐藏了所有这些技术细节。因此，当你打开 Kindle 时，它会同步显示在右侧页面上。用阿瑟·克拉克（Arthur Clarke）的话来说就是，这就像任何先进到极致的技术一样，与魔法毫无二致。
>
> 2010 年致股东的信

## Echo 和 Alexa，让日常生活更简单

随着时间流逝，亚马逊富有创造力的 Lab126 从 Kindle 开始继续做着各种化繁为简的努力。我毫不怀疑，当团队向贝佐斯展示最初的概念设计时，贝佐斯有多么兴奋。现在这个构思被称为“Alexa”。

50 多年前，即 1966 年，当时贝佐斯才两岁左右，科幻电视剧首次亮相，名为《星际迷航》（*Star Trek*）。在屏幕中的太空幻想世界，美国星舰企业号的计算机能响应语音命令，而且手持设备可用于通信。《星际迷航》中许多虚构的想法后来都成为现实，比如剧中机组人员使用的手持式通信器。苹果公司在推出 iPhone 时确实应用了这个概念，亚马逊的 Fire 手机也是一次在这方面很好的尝试。

然后，Alexa 问世。像美国星舰企业号上的语音命令能激活计算机一样，Alexa 是机器学习的语音识别软件，可为 Echo 硬件设备提供动力。Alexa 和 Echo 的强大功能是硬件设备的组合，Echo 设备侦听“唤醒词”（wake word），然后 Alexa 软件响应语音命令和问题。创建一个可以与谷歌或苹果公司配合使用的语音识别系统，是一项复杂的任务，何况这些公司在构建智能手机软件方面已经取得了巨大的成功。但是，亚马逊现在已经凭借 Echo 和 Alexa 登上了语音控制领域的巅峰。Echo 设备的工程奇迹之一，就是远场语音识别的质量。远场意味着你实际上可以站在离设备 3 ～ 4.5 米远的地方，说出“唤醒词”唤醒设备，让它做出响应。

亚马逊对 Echo 的最初愿景并不包括将其连接到其他支持互联网的设备（IoT，物联网），以及其他公司制造的灯泡和恒温器。有一次，一位工程师操控扬声器将其用作流媒体电视设备的语音控制器。当贝佐斯看到它时，那真是醍醐灌顶的一刻。这是人们可以尝试一些新事物并观察会发生什么情况的场景之一。贝佐斯可能对这个特别的“随便试试”的实验开心不已。

物联网的发展极大地增强了 Echo 和 Alexa 的影响力。从卧室灯到冰箱门，购物清单上的所有设备，现在都可以通过语音命令进行操作。Echo 扬声器可以作为大量涌入市场的智能家居设备的接入枢纽。

有些人可能还记得卡通喜剧《杰森一家》（*The Jetsons*）系列，这部喜剧预言了未来世纪的生活，其中包括机器人仆人、飞碟般的汽车以及在移动人行道上遛狗。我们目前还没有飞行汽车，但由于有了 Alexa，《杰森一家》中出现的许多家庭语音命令如今变得司空见惯。

与早期的苹果公司类似，亚马逊向第三方开发人员开放了 Echo 平台。截至 2018 年年底，全球 Echo 设备上提供了 7 万多种亚马逊第三方软件程序，这些第三方软件程序创建了消费者可以使用的语音控件。亚马逊 Echo 的成功，在某种程度上是将 Fire 手机作为“成功的失败”的结果。一旦亚马逊彻底放弃了 Fire 这个购物手机项目，他们便可以将更多资源用于语音控制工作并运用从 Fire 手机中学到的知识。现在，Alexa 正在管理我们的灯光、购物、日程安排等。Alexa 下一个吸引人的功能可能是做晚饭……这可能并不像听起来那么遥不可及。

## 自助结账和亚马逊 Go 便利店

> 因为我认为不明显的原因，我要强调这些平台的自助服务性质：即使是善意的看门人也会减慢创新速度。平台采用自助服务，人们可以尝试不太靠谱的想法，因为没有专家看门人会说“这个永远行不通！”，而许多不太靠谱的想法最后真的实现了，社会就是这种多样性的受益者。
>
> 2011 年致股东的信

自助结账系统已经在杂货店、仓库商店和家装用品商店等各种零售商店应用了相当长的一段时间。对客户的好处是，不必排长队等待买单。缺点是，自助结账并不总是很顺畅。

我对自助结账又爱又恨。你可能会遇到与我相同的经历而倍感挫折，扫描商品并将其放在装袋区时，自动语音总是提醒“装袋区有意外物品”。虽然这是零售商的正当需要，可以防止你还未买单就拿走商品，但给客户带来了不快。你也可能会收到那可怕的“店员已经发现”的消息，表明你自己搞不定了，要一直等到店员过来手动重置机器。

此外，当你排队等候收银员扫描物品时，哪怕是“10 个及以下物品”专用的收银台也不会让你感觉多方便。我总是觉得自己排错队了，因为前面总是有核对价格或其他需要帮助的事情，尽管实际上可能只耽误了一小会儿，但总感觉花了很多时间。

我在一家新开业的亚马逊 Go 便利店的购物体验就非常棒，与上述体验完全不同。我入住芝加哥的酒店后，步行了几个街区到最近开业的一家位于办公楼底层的亚马逊 Go 便利店。我站在店门外，用连着亚马逊账户的智能手机上的亚马逊 Go 应用扫描一下旋转门上的条形码，门就打开了，我就可以在店里四处转转。货架上摆满了各种食品，有三明治、沙拉、新鲜水果以及常见的便利店食品，比如薯条和各种饮料。如果要购物，你只需从货架上取下一件商品并放入购物篮即可。我买了午餐，还为妻子买了一只咖啡杯，上面写着“拿了就走”，然后朝出口走去，心想要找到付款的地方。实际上，在亚马逊 Go 便利店，你挑好了东西，就可以出去了。整个购物流程就是这样简单。我觉得自己没有付款，但实际上已经付款了。几分钟后，亚马逊 Go 应用提示我收到了一封电子邮件和一条通知，其中包含购物的收据，而且准确无误。

在亚马逊 Go 便利店“拿了就走”的购物方式，与在传统零售商店自助结账时经常会感到沮丧的体验相比，简直是天壤之别。亚马逊 Go 便利店概念是亚马逊的客户至上在化繁为简法则方面的一个示例。他们始终专注于最适合客户的产品和服务。

> 多年以来，我们一直在考虑如何在实体店为客户提供服务。我们认为首先需要发明一种在实体店能够真正令客户满意的东西。通过亚马逊 Go 便利店，我们有了明确的愿景，摆脱了实体店最糟糕的情况：结账的长队。没有人喜欢排队等候。因此，我们设想了一家商店，客户只需走进商店，拿起想要的东西，然后离开。
>
> 实现这一点并不容易，在技术上很难。它需要全球几百名聪明、敬业的计算机科学家和工程师的努力。我们必须设计、制造有自有知识产权的相机和货架，发明新的计算机视觉算法，以及将数百个协作相机中的图像拼接在一起。而且，我们必须让技术运行顺畅，甚至客户都感觉不到和看不到背后的一切。客户将在亚马逊 Go 便利店的购物经历视之为奇迹，这就是对我们努力的奖赏。
>
> 2018 年致股东的信

亚马逊对客户承诺“拿了就走”，他们确实做到了。

## Blueprints 技能

在你家过夜的客人可以向 Alexa 询问你家的 WiFi 密码，这不是挺好的吗？当你夜间外出时，通过 Alexa 给照顾孩子或宠物的保姆留下所有指示，你觉得怎么样？当你十几岁的孩子想和朋友一起晚上出去玩儿时，他们得先向 Alexa 问清楚出去前必须完成的每日功课，该有多神奇。Alexa 的 Blueprints 技能让所有这些安排都能实现。

Alexa 的 Blueprints 技能使你可以简单轻松地自定义 Alexa 的语音指令，你不是程序员或技术人员也能做到，就像在手机上下载应用程序一样简单。Blueprints 技能需要你在空白模板中填入内容，空白模板将引导你完成技能设置过程。它是亚马逊为简化你的生活而做出的最新奉献之一。Alexa 的 Blueprints 技能还可以应用于企业，它使公司可以创建自定义技能，而且不需要编写代码。亚马逊提供了几十种预配置的模板以及手册式流程，可指导企业人员完成技能的设定。技能设定完成后，平台将为公司提供一种途径，让 IT 部门或其他人来批准该技能。在该技能被接受之后，它就可以在全公司范围内推广。

亚马逊使用技术为客户节省了时间。

Blueprints 技能涉及 14 条增长法则中的几条法则，包括痴迷于客户和化繁为简。Alexa 语音生态系统的不断发展，展示了亚马逊认为 Blueprints 技能这一新成果有多重要。这可能是亚马逊的又一项重大发明，虽然初期的表现并不明朗。许多人可能会低估亚马逊 AI（人工智能）的作用，即使亚马逊为更新、更快的技术创造了广阔的市场。Alexa 的 Blueprints

技能最终可能会成为亚马逊和其他关注者另一个“曲棍球棒式”[①]的成功。

## 收购 PillPack，让吃药变得简单

据报道，2018 年 6 月，亚马逊以 10 亿美元收购了线上药店公司 PillPack。PillPack 的独特市场价值是，它可以通过预先分配好的剂量来简化多种处方药的服用过程。他们把客户的不同处方药以单剂量包装方式交给他们，而且像普通药房一样，PillPack 的服务对消费者免费。

所有用户需要支付的是他们用于就医或配药所支付的小额费用，以及他们购买的保险计划未涵盖的其他药物，比如维生素或非处方药。PillPack 负责处理保险、处方转移和协调补充等。它的目标市场是那些每天要服用 5 种或更多药物的人群，这些人很难搞清楚每天要服用什么药以及何时服用。在婴儿潮那一代人（特指美国第二次世界大战后 1946—1964 年出生的人）中，这样的人越来越多。

凭借亚马逊拥有的可靠服务声誉以及 PillPack“使吃药变得

---

① 曲棍球棒效应（Hockey Stick Effect），是指在某一个固定的周期内，前期销量很低，到后期销量会有一个突发性的增长，而且在连续的周期中，这种现象会周而复始。其需求曲线的形状类似于曲棍球棒，因此在供应链管理中被称为曲棍球棒现象。——译者注

简单”的承诺，对于药店业来说，这可是一颗不得不吞下的“大药丸”。实际上，在亚马逊宣布收购 PillPack 的当天，主要的连锁药店，如沃尔格林（Walgreens）、西维斯健康（CVS Health）和来爱德（Rite Aid），总共损失了 110 亿美元的股票市值。

尽管沃尔格林联合博姿（Walgreens Boots Alliance）的股价大幅下跌，但其首席执行官斯蒂芬诺·珀斯纳（Stefano Pessina）在财报电话会议上被问及亚马逊和 PillPack 交易时，他表示“并不特别担心”。“药店不仅要提供某些药片或某些包装好的药物，还要提供比这更复杂的服务。我坚信，实体药店的作用在未来仍然非常重要。”[26]

当然，他的回应可能是一厢情愿的想法。因为，化繁为简就是亚马逊的工作之一。

**像贝佐斯一样提问**

**化繁为简**

Q1:　新客户与你开展业务的最大壁垒是什么？

Q2:　如何做才能使现有客户更轻松地与你一起开展业务？

Q3:　你的客户体验中最复杂的部分是什么？如何简化？

第 9 章

# 法则 9：以技术换时间

发明相当于我们的 DNA，技术是我们全方位地发展和改善客户体验的最基本工具。我们还有很多东西要学习，我期待从学习中感受快乐。我为自己是这个团队的一员而骄傲。

2010 年致股东的信

如果你生过火，就会知道火上浇油是什么结果。向点燃的木炭上浇点油会让火苗瞬间欢腾起来。好的业务助燃剂是什么，大多数企业可能会说“更多的钱”或“更多的员工”是他们实现更快增长的关键。但是贝佐斯知道，使亚马逊比其他公司更成功的部分原因是，技术加快了亚马逊公司成长的速度和时间。

## 技术是时间的助燃剂

如今几乎所有信息都已被数字化。数字化公司具有显著优势，可以分析更多信息，更快地获取信息，拥有更可靠、最新、最快的数据。

在不久前，启动能颠覆一个行业的业务需要花费数年和几百万美元。而今，构建一个新点子并由此创建一家公司的成本已大大降低，5000 美元或更少的资金就可以启动创业了。在机器计算年代的初期，大型计算机几乎占据了整个房间，而现在智能手机拥有的计算能力，已经超出了大多数人想象的极限。如今，初创公司能够使用云平台来获取 20 年前无法想象的计算能力，其成本只是九牛一毛。因此，商业发展比以往任何时候都快，业务周期也已经从几年或几十年缩短到几个月或更短的时间。

技术是时间的助燃剂，而且会不断加速。危机来得快，竞争袭来得也快。新的技术也将出现得越来越快，门槛越来越高。如果你没有计划利用它来发挥自己的优势，那么其他公司就会利用新技术来建立他们的优势。目前，世界各地的公司都在与你的公司竞争，如果你不采取任何措施来确保自己在市场中的地位，那么最终有人会成功地让你的公司变得无足轻重。

即使亚马逊已经发展成为世界上最大的公司之一，依然在利用新技术，而且已经找到了保持敏捷的办法。对于他们利用技术的方式，我深感佩服。

确保公司不会变得无足轻重的唯一方法，是明智的冒险和创新。如今，企业没有那么多的时间来评估所面临的风险和机遇，甚至几年前也没有，因为不采取行动的风险并不亚于采取行动的风险。也就是说，不行动与采取行动一样都是大问题。

## 如何利用技术去“加速时间”

你应该看过职业体育比赛，也听过转播解说员说起有些球员让比赛“提速”了，而在另外的场合有些球员让比赛“降速”了。其实，时间并不能加快或减慢，这些说法是指有些运动员能够在高压之下，保持镇定和专注，做出正确决策。

相同的现象也一直在企业中发生。当公司采取控制姿态并很在意增长时，最终会像那些让时间变慢的球员一样。他们行动很快，但并不着急，因为他们感到一切尽在掌握。控制助燃剂来“加速”或“减慢”时间的最佳方法是，要非常谨慎地考虑如何使用技术来加速增长。

贝佐斯很早就发现技术会继续改进，亚马逊可以利用这些改进来提高客户满意度。统计数据表明，网络使用量以每年 2 300% 的速度增长，他认为这种高速增长将带来巨大的商机。这就是他创立亚马逊的首要原因。最终，他的冒险得到了回报。

在过去的 35 年中，我一直从事于科技领域，我发现技术也存在曲棍球棒曲线。贝佐斯应用了指数级技术（exponential technologies）来发展亚马逊的业务。他一直不断地寻找机会，利用技术对亚马逊的现有做法进行创新，让业务增长得更快、更好。亚马逊云服务的发展历程就是这方面的一个绝佳案例。

事实上，在技术快速变化的今天，如果你不行动，那么别人就会行动，使用技术吞噬你的业务只是时间问题，这个时间可能比你想象的还要短。更好的方法是，你主动使用技术淘汰自己的部分业务或全部业务。这意味着你将始终处于技术的最前沿。这就是亚马逊一直在做的事情。当你在追寻发明、创新和利用技术的新方法时，你就会是领路人。

## 指数级增长的欺骗性阶段

当新技术、流程或平台将信息数字化时，它将进入指数级增长阶段。由于指数级增长的早期阶段很难被发现，所以技术的影响可能非常具有欺骗性，也就是说技术可能有误导性。有时，一项技术似乎没有前景或没有广泛的吸引力，这种情况可能也具有欺骗性。

举一个简单的例子，如图 9-1 所示。从 1 分钱开始，每天加倍。前几个星期，这笔钱是无关紧要的；到第 18 天时，你也只不过有了 1200 美元。然而，在某一刻，显示指数级增长的指标，也就是曲棍球棒曲线开始变得显而易见。

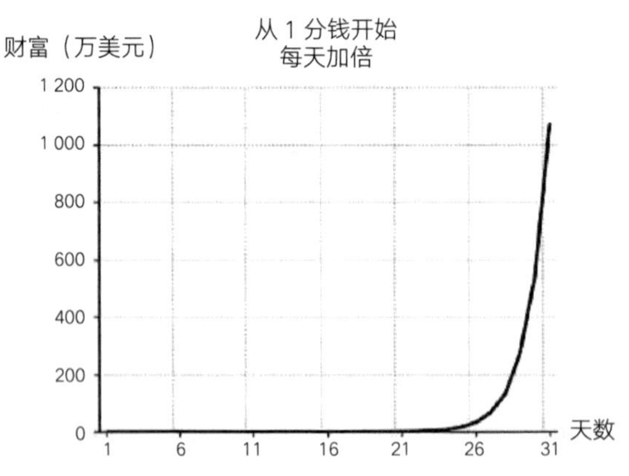


图 9-1 指数级增长在早期阶段的欺骗性

到第 31 天时，你将拥有超过 1000 万美元。只是在此之前短短几天，倍增效应才产生如此重大的影响。

因此，指数级增长在早期阶段非常具有欺骗性。时间看起来似乎过得很慢，但是它正在获得加速度。通常，考虑到采用一项新技术的前期成本，改弦更张似乎并不值得。但是，更应当考虑到这项新技术可能正处于指数级增长周期的最初阶段。

## 亚马逊云服务与 7 年的领先优势

在创建亚马逊云服务（云计算）时，亚马逊实质上是在创建自己的内部互联网操作系统（IOS），然后充分利用其技术基础设施，产生丰厚的利润。他说：

> “
>
> IT 部门都认识到了，当他们采用亚马逊云服务时，其实把其他事情也搞定了。他们在低附加值的工作上更节约时间，比如管理数据中心、连网、操作系统补丁、容量规划、数据库扩展等。同样重要的是，他们可以访问功能强大的 API（应用程序编程接口）和工具，这些 API 和工具可以极大地简化构建一个可扩展的、安全的、有力的、高性能的系统。而且这些 API 和工具在后台一直是连续地、无缝地升级，无须客户方面的努力。
>
> 2014 年致股东的信
>
> ”

换句话说，亚马逊把他们构建的自有的基础架构，转变为任何开发者都可以应用于自身的服务。

亚马逊云服务经过一段时间站稳了脚跟，如今它是一项利润丰厚的业务，为亚马逊带来了可观的利润。事实上，贝佐斯曾在一次采访中这样说过：

> 通过亚马逊云服务，我们彻底重塑了公司购买计算能力的方式。然后，一个前所未有的商业奇迹发生了。据我所知，这简直就是商业史上最大规模的幸运事件。这 7 年来，我们没有遇到过跟我们想法一致的竞争者。这太不可思议了。当我于 1994 年推出亚马逊时，巴诺书店于 1997 年也推出了在线书店，有两年的时间差。如果你发明一样新东西，这是一个非常典型的情况。后来，我们推出了 Kindle，两年后巴诺书店才推出了 Nook。我们推出了 Echo，谷歌推出了 Google Home。
>
> 当你开创先河时，你可能有幸获得两年的领先优势。没有人有过 7 年的领先优势！因此这令人难以置信，我认为这是所有努力共同作用的结果。我认为，那些大型知名企业软件公司当初并不认为亚马逊是可靠的企业软件公司。因此，我们有足够长的助跑距离，来构建这一令人难以置信的、功能丰富的小服务，它远远领先于当今具有相同目的的其他任何产品和服务。

> 营业额达 200 亿美元的亚马逊云服务还加速了亚马逊原本健康的增长。此外，亚马逊云服务还加快了创新步伐，尤其是在机器学习和人工智能、物联网和无服务器计算等新领域。2017 年，亚马逊云服务宣布了 1 400 多种重要的服务和功能，包括亚马逊 SageMaker，这项服务从根本上改变了日常开发人员构建复杂的机器学习模型的可获得性和易用性。
>
> 2017 年致股东的信

## 突如其来的破坏性

在技术进步的某个时刻，其所促成的指数级增长会突然变得有破坏性。人们会突然注意到这项新技术。在许多人看来，这项技术好像是凭空产生的。但是，如果你在这项新技术的早期欺骗性阶段就开始关注它，那你可能会更深入地了解它的潜在影响。有太多实例可以说明技术和平台具备多大的破坏性。显而易见的例子是优步（Uber）和爱彼迎。此外，还有许多其他的新技术创建了可以改变整个行业的连接平台。

这种破坏并不总是像优步颠覆出租车行业那样，在整个行业内发生。采用新技术的公司比其他公司具有竞争优势，它可能会破坏你的一部分业务。从行业范围和竞争力的角度来看，贝佐斯一直在寻找颠覆性的技术。在亚马逊，技术渗透到团队、流程、决策以及他们在每个企业中的创新方法。这已经深深根植于亚马逊所做的一切之中。

对于任何企业而言，新技术的持续引入和改进都是为了改善客户体验，为企业飞轮提供动力并加速整个业务发展过程。谷歌、微软和许多其他公司都正在努力追赶。

## 亚马逊配送中心的技术

孩子们都喜欢看着东西是如何被制造出来的。因为亲眼看到那么多零件组合在一起，变成一件件物品，而且这些物品又很实用，这实在是太有意思了。即使是成人，也对此着迷，我就不会错过任何一次参观工厂的机会。

我预约了参观亚马逊在印第安纳州杰斐逊维尔的配送中心。亚马逊不允许访客在配送中心内拍照，而且要求参观者都将手机放在口袋里。因此，很遗憾，我只能用眼睛和大脑来记录所见。

杰斐逊维尔的配送中心是一个软性商品配送中心，这意味着它们的大部分库存是服装和其他软性商品，比如珠宝和其他服装配饰。在参观小组集合后，我们的第一站就是一间培训室，我们观看了一段简短的关于亚马逊的视频，然后每人拿到一副头戴式耳机，这样我们就可以听到导游讲解我们所参观的一切。配送中心是一个繁忙、喧嚣的工业仓库，在约 23 万平方米的可用空间中容纳了 3 000 多万件商品。它平常有近 2 500 名员工，在旺季时的员工多达 6 000 多名。

这次参观让我大开眼界，我们参观的顺序和产品与仓库中的发货流程是相反的。因此，我们的参观从货物被发给客户开始，到货物抵达配送中心的那一刻结束。

从尾到头的时间轴，带来了令人难以置信的体验，尤其是它与我为了撰写本书而进行的研究有关。在此之前，我像大多数人一样，是以一个消费者的身份获得对亚马逊产品的体验。我只要在线下单，东西就会送到家门口。因此，从产品最终交付给消费者的时点开始参观得到的体验，就像是我从消费者的角度对产品进行一次追溯。

亚马逊在配送中心采用的技术非常出色，在整个仓库中广泛部署的传送系统高速运送着产品。如果仓库里没有对某个产品来说尺寸恰好的包装盒，也不会打乱节奏。工人会迅速抓起一个能放进产品的较大的包装盒，因为整个流程的设计是为了在最短的时间内配送产品。

如果你曾经好奇为什么有时亚马逊寄来的包裹可能比里面放的产品大很多，那么原因就在于此。他们不在乎包装盒。他们关心的是把产品尽快发出。高度复杂的自动化在每个环节都很明显。包装工将物品从黄色分拣箱中挑出来，然后装进包装盒，包装盒就被放上传送带，开始向前传送。在此过程中，运输标签被自动贴上包装盒。这个过程看起来令人着迷。

在物品被包装之前，它们都放在存储架上，而且好像是完全随机摆放的。物品实际上存储在任意有空位的架子上。这意味着一个存储架内可能并排放着 5 个完全不同的物品。这种仓库存储技术被称为“混沌式存储”。据估计，在相同的空间内，亚马逊仓库可以比传统仓库多储存 25% 的商品，使用技术弥补了混乱的储存系统带来的不足。

一位客户下订单后，就会有拿着手持计算机、开着小车、拖着黄色分拣箱的一位拣货员收到通知。计算机会非常精确地告诉拣货员去哪个位置可以找到客户订购的物品。拣货员拿到并扫描该物品，然后放入黄色分拣箱。在客户配送中心，客户刚才订购的物品都被装进了分拣箱后，再被放上传送带，发到包装站。

亚马逊最新一代的配送中心采用了机器人技术，机器人会将货架送到拣货员身边，拣货员不用去找相应的货架。高效率地进行各种尝试，是用技术“加速时间”的另一种方法。

此行参观的最后一站，是在仓库的另一端。那里至少有 20 个装卸台，正在忙碌地卸下需要入库的物品。其中既有亚马逊自营的产品，也有亚马逊商城第三方卖家的产品以及使用亚马逊配送系统的其他商家的产品。每个入库的箱子都会被扫描和检查。如果包装有任何问题或者条形码与系统显示产品不符，这个箱子就会被推到一边等待人工处理。

亚马逊采用的技术使其前进得更快和更高效，这些技术让人印象深刻。自 2012 年以来，亚马逊在收购基瓦系统（Kiva Systems）之后，开始使用机器人技术、人工智能和自动化技术来增加其存储容量并使仓库能匹配更高的销售量。目前，亚马逊在全球运营着 175 个配送中心[27]，其中的 25 个配送中心都部署了机器人，以补充人力的不足。

**像贝佐斯一样提问**

**以技术换时间**

Q1：你如何使用技术来加快业务增长？

Q2：在竞争对手使你的业务落伍之前，你如何利用技术主动淘汰自己的部分业务？

第 10 章

# 法则 10：提升所有权意识和主人翁精神

今年，我再次附上我们 1997 年第一封信的复印件，并鼓励现有的和潜在的股东都好好看一下。

2002 年致股东的信

贝佐斯在2002年致股东的信中，概括了一个关键法则，这个法则已成为亚马逊增长法则的核心。那就是："业主不同于租客。"

> 长期思维，既是真正所有权的必要条件，也是真正所有权的必然结果。业主不同于租客。我认识一对夫妇，他们把房子出租给租客。结果，租客把圣诞树钉在实木地板上，而不是用树架来竖起圣诞树。我想，这就是所谓的权宜之计吧。当然，总有特别糟糕的租客，但是没有一个业主会如此短视。
>
> 2003年致股东的信

如果你曾经出租过自己的房子，那么租客将圣诞树直接钉在实木地板上这件事给房主带来的痛苦可能会让你感同身受。正如贝佐斯所言："没有一个业主会如此短视。"

因为我经常出差旅行，所以租车的次数很多。我不得不承认，即使一些很简单的事情，比如当我还车时并没有清理干净车内的垃圾，我偶尔会想“毕竟是租来的”。然而，我不会这样对待自己的车。这就是为什么我总是不愿意购买从租车计划中退出的车。我知道自己对租的车不很上心，何况我还不是最差的租车人。投资也是如此。贝佐斯还说：

> 同样，许多投资者实际上是短期租客，他们转换投资组合的速度非常快，实际上只是在租借他们临时持有的股票。
>
> 2003 年致股东的信

换句话说，所有权意识是一种心态。当某人的行为像某个事物的所有者时，他们会以不同的方式对待它并将其视为自己的东西。这与租客的心态明显不同。

## 像公司的所有者一样思考

业主的确不同于租客，但这对你的业务意味着什么？这个概念为什么对于亚马逊及其成长来说不可或缺？贝佐斯在1997 年第一封致股东的信中解释说：

> 我们将继续雇用和留住复合型人才，并继续将他们的薪酬重点放在股票期权而不是现金上。我们是否能吸引和留住一批积极进取的员工将在很大程度上决定我们能否成功，员工中的每个人都必须以主人翁的身份思考，因此他们也必须是企业的所有者。
>
> 1997 年致股东的信

用主人翁精神对待工作，并不是一个独特的概念，商界人士经常抱怨团队成员对工作的主人翁精神不足。而贝佐斯和他的团队将主人翁精神提升到了一个完全不同的水平。不同于仅口头上鼓励人们对自己的工作有主人翁精神，亚马逊实实在在地要求团队成员像公司的所有者一样思考。这也是亚马逊的关键领导力原则之一。

**亚马逊领导力原则**

## 主人翁精神

**领导者是主人翁。他们看重长期结果，不会为短期结果而牺牲长期价值。他们不仅代表自己的团队，还代表整个公司行事。他们从不说“那不是我的工作”。**

贝佐斯希望跟公司相关的每个人，从一线员工到高级管理人员，都像所有者一样思考。所有者不仅要考虑短期的季度收益或没有持久价值的速赢，还要考虑长期影响和决策的后果。这样，亚马逊就可以根据团队成员的行为是否与所有者一样来评估其团队成员，也就是是否从不说“不是我的问题”这句话。像所有者一样思考，是亚马逊文化中发展和鼓励的一种主要思维方式。在 2002 年的信中，贝佐斯用“股份所有者”来称呼亚马逊的投资者，而非“股东”。从本质上讲，投资者确实“拥有”了亚马逊的一部分，他们应该感觉自己就是所有者，而不是在公司里没有长远利益只希望获得财务回报的打工者。贝佐斯在 2007 年将信的开头从“致我们的股东”更改为“致我们的股份所有者”，从而更加强调了自己的信念，自此以后他就一直采用这样的开头。显然，拥有所有者的心态并真正将自己视为所有者的概念，是创建一种与时俱进的文化的关键。

## 提升主人翁精神的 8 种方法

那么，贝佐斯如何提升主人翁精神？以下是几种做法：

1. **强调投资者是主人。**他倡导这个概念的一个简单而有效的方法就是通过语言。通过将“股东”改为“股票所有者”，他强化了亚马逊的基本宗旨，即投资者不是外部人，而是内部人。
2. **给员工发公司股票。**给员工发公司股票，员工更能感到这相当于他们对公司进行了投资，并因而拥有公司的一部分所有权。

> 我们提高员工主人翁精神的一个做法，就是通过受限股票①单位（Restriced Stock Unit，RSU）来进行奖励。RSU 是我们全球薪酬计划的关键部分，该计划经过精心设计，旨在帮助我们吸引、激励和留住最有才能的员工。你在亚马逊工作了一段时间并符合其他服务条件后，根据 RSU 计划你就有权获得亚马逊公司的普通股。
>
> ——《亚马逊的 RSU：成为所有者》[28]

3. **赋予决策权。**按照亚马逊的方式，员工有权做出第二类决策。当员工能够代表公司做出决定，尤其是做出帮助客户的决定时，他们会有强烈的被赋权的感受，这是一种传达公司价值观的重要方式。
4. **开会。**按照亚马逊的方式，会议强化了公司的共同事业。通过叙述性的六页备忘录，让员工能结合成团队并就共同的目标或想法进行合作，从而增强主人翁意识。
5. **创造机会去发明和创新。**在亚马逊，发明和创新是

① 受限股票（restricted stock），又称“信函股票”（letter stock，又译“非注册股票”）、“受限证券”（restricted securities），是一种公司股票，需要达到某种条件之后，才会完全移转到某个个人的账户中，作为奖赏之一。雇主承诺给予员工某个固定额度的受限股票，员工在工作一定时间后，受限股票就会转移到他的账户。——译者注

题中之义。亚马逊希望每个员工都去寻找让事情变得更好的方法，尤其是在上班时。

6. **鼓励领导力。**展现领导力也是受鼓励的，每个人在亚马逊工作时都会得到一份《亚马逊领导力原则》复印件。他们从亚马逊获得支持，活出自己的精彩。这份支持是实实在在的，而不仅仅是口头鼓励。这并不是说他们取得了100%的成功，而是说他们做到了自己渴望做到的事情。
7. **提供选择退出的机会。**员工之所以留在公司，是因为他们心甘情愿。

> 付钱请人走……是Zappos[1]的聪明人发明的做法，亚马逊配送中心在此基础上做了改进。付钱请人走其实非常简单。每年，我们会提出付钱给员工，让不想在亚马逊工作的人离职。提出这个提议的第一年，标准是2 000美元。然后每年增加1 000美元，直到达到5 000美元。这个提议的大标题是“请不要接受这个提议”。我们真诚地希望员工不接受这个提议，因为我们希望他们留下。那为什么有这个提议呢？其目的是鼓励员工

① Zappos是美国的一家在线鞋类和服装零售商。2009年7月，亚马逊收购了Zappos。——译者注

花一点儿时间，来思考自己真正想要的东西。从长远来看，员工留在自己待不下去的地方，对于员工或公司而言都是有害无益的。

2013 年致股东的信

8. **不需要对所有事情都达成共识。**为了实现这一点，亚马逊为所有人准备了“搁置争议一起努力”的机制。不可能每个人都同意某个决定，但持有不同意见的人们仍然可能朝着同一目标一起努力。他们都为了一个共同的目标而在一起努力：为客户做到最好。

贝佐斯曾提到，他对拟议的亚马逊优选计划电视连续剧的想法并无把握，因为他本来就对电视连续剧不太感兴趣，而且该交易的商业条款不是很吸引人。

他们有完全不同的意见并希望继续往前推进。我立刻回信说：“我搁置争议和你们一起努力，希望它成为我们制作的最受关注的节目。”如果团队不得不说服我而不是简单地得到我的承诺，那么这个决策周期会拖延很久。

2016 年致股东的信

## 亚马逊微笑计划

我和妻子是在高中时通过“青年生活”组织相识的。该组织举办基于信仰的学生拓展活动。这些年来，我们一直在经济上支持“青年生活”，最近刚刚结束了在“青年生活迦百农”董事会中的轮值，“青年生活迦百农”是一项针对残障学生的服务。后来，我们了解到亚马逊微笑计划，十分高兴。亚马逊微笑计划，就是亚马逊将每笔销售的一小部分利润捐赠给由客户选定的慈善机构。我们选择了通过亚马逊微笑计划的链接购买商品，来支持“青年生活”。我们俩有各自的亚马逊账户，因此我们展开了一个小竞赛，看谁通过亚马逊微笑计划购买更多商品，给“青年生活”捐了更多的钱。

“

2013 年，我们推出了亚马逊微笑计划，这是一种让客户每次购物时都能支持自己钟爱的慈善组织的简单办法。当你通过该计划购物时，亚马逊会将购物金额中的一部分捐赠给你所选择的慈善机构。你会发现，在亚马逊微笑计划页面，无论是选择、价格、物流，还是亚马逊优选会员可用性，都与亚马逊商城完全相同，你甚至还会发现购物车和想买清单在二者页面上是一样的。除了你能想到的大型国家慈善机构之外，你还可以指定当地的儿童医院、你的学校的

PTA[①]或者几乎你能想到的其他慈善项目。有将近 100 万家慈善机构可供选择。我希望你能在其中找到自己钟爱的慈善机构。

2013 年致股东的信

”

这个计划让我们与亚马逊紧密地连接在一起。虽然我们不持有亚马逊的任何股票，但是将一部分我们花的钱用于支持慈善事业，让我们感觉自己是有价值的。这是主人翁精神吗？不一定。但是，这是否让我们感到自己正在与亚马逊一起行好事呢？绝对是。

## 像贝佐斯一样提问

### 提升所有权意识和主人翁精神

Q1:　你是否以公司所有者的形式，用公司的一部分利润向团队支付薪酬呢？

Q2:　你是否定期与团队沟通你的短期目标和商业上的长期目标呢？

Q3:　对于员工在其部门或职责以外改进或完善某些业务领域，是否存在激励或障碍？

① 家长教师联谊会（Parent-Teacher Association，PTA），是由家长、教师和其他的学校工作人员组成的正式组织，旨在促进家长参与到学校的教育工作中。该组织一般在日本、美国及英国等国家中常见。——译者注

法则 11：
维护你的文化

法则 12：
专注于高标准

法则 13：
衡量重要的事情，质疑你所衡量的内容，并且相信你的胆识

法则 14：
相信永远都是第一天

# 第四部分

# 成长周期第四阶段：规模化

对亚马逊而言，规模化是在不牺牲特性，也不牺牲所提供的产品的前提下，实现巨大增长的方式。这就需要创建和维护一种创新的文化，即一种愿意代表客户去冒险的文化。

规模化会要求你孜孜以求地保持高标准、绝不以牺牲质量换取更高利润。你要根据最重要的标准进行衡量，并且不断质疑你要衡量的内容，以始终专注于正确的指标，但在过程中又不忽视直觉。

最后一点，也是最重要的一点，它要求你始终在做出决策时，要像你在创业的第一天做决策一样，充满激情且关注客户。保持精干、专注，牢记在第一天重要的事情现在仍然重要，即不忘初心。

规模化使亚马逊能够完成闭环。闭环就是利用自身成功再次开始测试另一种产品的过程。

# 第 11 章

# 法则 11：维护你的文化

……我们正在努力打造重要而且有意义的东西。

1997 年致股东的信

我们挑战自我，不仅要创新我们外部可见的特征，而且要找到更好的处理内部事务的方法。那会既使我们更有成效，又使我们在全球的数千名员工受益。

2013 年致股东的信

我们从来没有说过我们的方法是正确的，那只是我们的方式。在过去的 20 年里，我们汇集了一大批志同道合的人，也就是认为我们的方式充满活力且有意义的人。

2015 年致股东的信

业界流传着很多关于在亚马逊工作是一种什么体验的故事。人们对工作的感受很可能呈钟形曲线分布，有些人喜欢在那儿工作，有些人则讨厌，大多数人在两者之间。

有一些从外部看待亚马逊文化的方法很有趣，比如领英（LinkedIn），《华尔街日报》与德鲁克学院（Drucker Institute）的方法。领英关注员工的整体满意度和保留率，而《华尔街日报》与德鲁克学院关注整体管理。

“2019 年度领英杰出公司排行榜”披露了美国人最愿意去工作而且会长期工作的 50 家公司，前三名是 Alphabet、Facebook 和亚马逊。领英在其帖子中提到：“每年，我们的编辑和数据专家都会分析世界各地领英用户所做的数十亿种不同行为，以发现那些最吸引求职者并能牢牢留住人才的公司。我们所采用的数据驱动方法，针对用户在寻找充实的职业生涯过程中的行动，而不是他们的空谈。”[29]

《华尔街日报》与德鲁克学院合作，后者编制出管理能力最强的 250 家公司的年度榜单。这个榜单在最有效管理方面对美国主要的上市公司进行了排名。这个排名由 37 个指标组成，这些指标分属绩效的 5 个不同方面：客户满意度、员工敬业度和发展、创新、社会责任与财务实力。这些想法代表了管理专家彼得·德鲁克的核心价值，彼得·德鲁克在其漫长的职业生涯中撰写了 30 多本商业图书。

2017 年，亚马逊在美国最佳运营公司榜单上排名第一；2018 年，亚马逊排名第二，被排名第一的苹果公司击败，而亚马逊的创新得分远超其他任何一家公司。从只有几名员工发展到超过 60 万名员工，而且还在继续增长，亚马逊是怎样保持公司文化的呢？亚马逊在保持公司文化方面做了很多事情，但有两点特别突出：文化注重个人领导力，而公司注重持续不断的增长。

贝佐斯在年度致股东的信中提醒每个人，每天永远都是第一天。2018 年，贝佐斯在南方卫理公会大学校园里的布什中心接受采访时被问及“第一天”的含义，因为亚马逊以指数级增长的速度拥有了超过 60 万名员工，并且还在不断增长，如何保持“第一天文化”确实令人困惑。他迅速重新组织了语言并回答道：

对我而言，真正的问题是，如何保持一种“第一天文化”？

亚马逊的规模如此庞大真是太好了，我们拥有财务资源，有很多才华横溢的人。我们可以成就伟大的事业。我们拥有全球化的视野，业务遍及世界各地。但是，这样做的缺点是，我们可能会失去敏捷性，可能会失去企业家精神，可能会失去小公司通常拥有的内在的驱动力。因此，如果你想两全其美，既拥有企业家精神和进取心，同时又拥有规模化和大视野带来的所有优势，请想一想你能够做到什么事情吧。

那么，问题是如何实现这一目标？大规模很好，因为它使你强大。一个体格高大的拳击手头部可以承受对手的猛击，但也想保持敏捷地避开那些砸来的拳头。因此，他想变得强大而灵活。我发现很多事情可以保护“第一天的心态”。其中之一，就是对客户的痴迷。我认为这是最重要的，而且花了一些时间研究这件事。

随着公司规模越来越大，保持以客户为中心变得越来越难。如果你是一家小公司，比如你是一家只有 10 个员工的创业公司，那么公司中的每个人都专注于客户。小公司成为一家更大的公司后，将拥有中层管理人员，而且具有所有的层级。但是这些管理人员不在第一线，不是每天都与客户互动。他们与客户隔绝了，开始不直接关注客户是否开心，而是通过诸如指标和流程之类的工具进行管理。其中一些事情可能会演变成官僚主义。因此，这非常具有挑战性。

经常发生的事情之一，就是决策速度变慢。我认为原因之一是，大公司内部的高级管理人员开始对所有决策进行建模，就好像这些决策都是重量级的、不可逆转的，会有重要后果一样。但是很多决策就像双向门，如果你做出了一个错误的决定，还可以穿过大门退回去，然后再试一次。但是，那些可逆的决定也需要通过重量级的流程。

因此，你可以教会人们识别这些坑和陷阱，然后教他们如何避免掉进去。这就是我们在亚马逊试图做的事情，因此，即使我们拥有较大公司的规模和范围，也可以保持发明创造力、初心和小公司精神。

在这种文化下，员工一直被亚马逊领导力原则提醒“第一天”意味着什么。亚马逊领导力原则定义了亚马逊对包括贝佐斯在内的每个员工的期望。领导力原则定义了员工如何对待彼此，还定义了员工如何对待亚马逊的合作伙伴和客户。在亚马逊的整个组织内，可以感受到“第一天的文化和心态”，也可以通过贝佐斯致股东的信中所说的内容和亚马逊领导力原则，来探究亚马逊是如何在市场中运作的。

## 亚马逊的领导力原则

“我们每天都在运用亚马逊领导力原则，无论是讨论关于新项目的想法，还是决定解决问题的最佳方法。这仅仅是使亚马逊与众不同的原因之一，‘与众不同’是贝佐斯和大多数亚马逊人使用的词。”[30]

1. 客户至上：亚马逊人都是从客户开始，以终为始地逆向工作。他们努力工作以赢得并保持客户的信任。尽管亚马逊人关注竞争对手，但他们仍然优先考虑客户。

2. 主人翁精神：亚马逊人都是主人翁。他们看重长期结果，不为短期结果而牺牲长期价值。他们不仅代表自己的团队，还代表整个公司行事。他们从不说“那不是我的工作”。

3. 发明和简化：亚马逊人期望并要求团队进行创新和发明，始终寻求简化的方法。他们拥有外部意识，可以从任何地方寻求新的想法，并且不受“此处不可能有发明”的限制。他们另辟蹊径时，接受可能会在很长一段时间内被误解的现实。

4. 非常正确：亚马逊人有很强的判断力和敏锐的直觉。他们寻求不同的观点并努力证明自己的信念。

5. 学习与好奇：亚马逊人永远都不停止学习，总是寻求自我完善。他们对新的可能性感到好奇并采取行动进行探索。

6. 雇用和发展最优人才：领导者在每次雇用和晋升团队成员时都会提高绩效标准。他们能识别出卓越的人才，乐意帮他们在整个组织中转岗。领导者要培养潜在领导者并认真对待自己的教练角色。领导者代表员工开展工作，创建诸如“职业选择”之类的发展机制。

7. 坚持最高标准：亚马逊人坚持不懈地制定高标准，许多人可能认为这些标准过高。亚马逊人不断提高标准，推动团队提供高质量的产品、服务和流程。亚马逊人确保缺陷不会下传，并且要确保问题得到解决，不会卷土重来。

8. 大局思维：细节思维是一种自我实现的预言。领导者大胆指出新的方向并向下属传达以激发出成果。他们的思路与众不同，努力探索，只为寻找更好地服务客户的方式。

9. 对行动的偏爱：速度在企业中至关重要。许多决定和行动是可逆的，不需要大量研究。我们珍视那种审慎地甘冒风险的行为。

10. 节俭：事半功倍。节约带来足智多谋、自给自足和创造力。增加员工人数、扩大预算规模或增加固定支出并不会带来额外的好处。

11. 赢得信任：亚马逊人专心倾听、讲话坦率并尊重他人。他们不吝于口头批评自己，即使这样做很困窘或令自己尴尬。亚马逊人不会容忍自己或团队金玉其外而败絮其中。他们总是将自己和团队与最佳水平进行比较。

12. 深入研究：亚马逊人在各个层面上运作，关注细节，经常审视自己，并且对标准和传闻保持怀疑。他们不会忽视任何任务。

13. 搁置争议一起努力：如果亚马逊人有不同意见，即使感到不舒服或筋疲力尽，他们也会以很尊重的方式对决策提出异议。亚马逊人有信念并且坚韧。他们不会为了凝聚力而妥协。一旦做出了决定，他们将全力以赴。

14. 交付成果：亚马逊人专注于对其业务的关键性投入，并及时完成和交付质量合格的成果。尽管会遇到挫折，但他们还是能挺身而出，从不懈怠。

## 亚马逊的职场文化

亚马逊的另一个重大创新是亚马逊建立员工队伍的方式，贝佐斯称之为“对内创新”。三项对内创新展示了亚马逊的职场文化：职业选择、付钱请员工离职以及虚拟联系中心。

亚马逊在团队的继续教育方面也处于最前沿，实施了“职业选择”计划，这项计划为员工预付 95% 的学费，资助员工参加飞机维修或护理等受欢迎的课程，而不论课程内容是否与其在亚马逊的工作有关。

对于某些人来说，亚马逊将是他们长期的职业选择。而对于另外一些人来说，则未必如此。亚马逊意识到它可能是这些员工去其他地方工作的垫脚石，而他们可能需要新技能才能获得那份新工作。亚马逊非常乐于帮助他们掌握这些技能，即使亚马逊教育投资的受益者是这些员工未来可能就职的公司。

亚马逊声称可以支付员工的培训费，即使以后他们会跳槽到其他公司工作，这听起来似乎很无私。不过，这样给亚马逊带来了一个好处，员工越来越成为这项计划的受益者。如果有的员工不想在亚马逊工作，他们总有办法离开。但如果他们从这项计划受益，受到了激励，就会努力工作并在亚马逊表现出色，抓住公司资助学习费用的大好机会。尽管我们第一次听说这种创新的方法会觉得很不可思议，但这种方法可以建立强大的员工队伍。

付钱请员工离职是另一个违反直觉却得到亚马逊支持的做法。虽然这种做法最初是由 Zappos 开创的，但后来亚马逊收购了该公司，贝佐斯称赞这种做法是建立强大的员工队伍的最好方式之一。此处再次引述他在 2013 年致股东的信中的话：

"

其目的是鼓励员工花一些时间，来思考自己真正想要的东西。从长远来看，员工留在自己不愿意待的地方，对于员工或公司而言都是有害无益的。

2013 年致股东的信

"

虚拟联系中心使员工可以在家里就某些产品提供客户服务支持。正如贝佐斯所说：

> 这种灵活性对很多员工而言是理想的选择，这些员工可能是因为有年幼的孩子或者其他原因而无法或不愿离家工作。
>
> 2013 年致股东的信

这三项对内创新使亚马逊建立的员工队伍，几乎全是真正想在亚马逊工作，而非出于迫不得已的选择。

## 牢记初创岁月的好处

1995 年，当亚马逊只有 5 名员工时，贝佐斯需要为几乎所有事情找到创新解决方案。因为他从父母那里借了 30 万美元启动创业，所以不得不精打细算。亚马逊刚起步时，需要置办办公桌。当贝佐斯路过附近的家得宝（Home Depot）家居建材用品商店时，他突然想到，可以给实心门装上支脚来制造出简易的书桌，这可比购买书桌要便宜得多。四个粗大的木条用作支脚，用拉条将支脚连接到门板上，再拧上螺丝钉，贝佐斯创造了亚马逊的“门板桌”。如果你很好奇，可以登陆亚马逊的公司博客查看制作门板桌的说明。[31]

尽管在 1995 年使用门板桌是无奈之举，但直到今天，成千上万的亚马逊员工仍在使用门板桌，不过现在的门板桌比亚马逊 1995 年用的简易门板桌可摩登多了。这既是在向亚马逊的创业岁月致敬，也是在提醒每位员工，他们坐到办公桌前的每一天都是创业的第一天。贝佐斯也仍在使用门板桌，但 20 多年后，最早的那张门板桌坏了。

亚马逊最早的员工之一尼科·洛夫乔伊（Nico Lovejoy）在亚马逊公司博客上解释了门板桌的含义："我认为它代表了匠心、创造力和不寻常，以及对走自己的路的坚持。"[32] 公司博客名为"第一天博客"，这并不奇怪。

对亚马逊而言，节俭不仅有利于增强企业竞争力，而且还对增强领导力有用。亚马逊坚持将节俭作为亚马逊的领导力原则之一，因为它"带来足智多谋、自给自足和创造力"。

在接受哥伦比亚广播公司《60 分钟》（*60 Minutes*）节目主持人鲍勃·西蒙（Bob Simon）的采访时，贝佐斯将节俭与客户至上的这个首要信条联系在一起。贝佐斯向西蒙解释说："这说明了要在对客户重要的事情上花钱，而不要在对客户不重要的事情上花钱。"[33]

亚马逊延续颁发"门板桌大奖"的传统，这是授予提到精心构思的想法的员工的奖项，他们的这些想法可以为公司节省大量资金并且降低客户支付的费用。

保持第一天心态，可不只是为公司博客命名和使用门板桌那么简单。亚马逊的规模逐渐扩大，搬进了亚马逊位于西雅图的独立办公大楼，贝佐斯将这座办公楼命名为“第一天”。贝佐斯还在大楼旁边添加了一块标语牌[34]，提醒每一位走进这座建筑的人他在 1997 年股东信中所确定的“第一天心态”：

> 还有太多的东西等待被发明，还有太多新事物即将发生。人们根本不知道互联网将有多大的影响力，也根本不知道今天仍然是意义如此重大的第一天。
>
> 1997 年致股东的信

尽管这种做法看起来奇怪甚至有些愚蠢，但大多数企业家都知道，“重复”在形成企业文化和影响力方面的价值。亚马逊重复“第一天心态”的这些视觉线索，不只是向亚马逊的历史致敬，还从文化的角度直观地提醒人们什么对亚马逊最重要。

这些视觉线索也是亚马逊员工彼此之间和与外部人士讨论“第一天心态”的契机。新人加入亚马逊后，如果还对此一无所知，他们可能会问为什么这么多同事使用门板作为办公桌。当新供应商到访第一天大楼时，他们可能会询问大楼的名称或看它旁边的标语牌。每次员工、供应商、投资人或访客提出这样的问题，都使回答者再次强化“第一天心态”。

我们可以创建自己的视觉线索，将公司历史的一部分融入团队成员每天使用或接触的事物中。无论具体做法如何，这些线索都有利于培养像尼科·洛夫乔伊所描述的那种文化：匠心、创造力和不寻常以及坚持初心。门板桌也可以成为创新的象征，提醒人们不仅要节俭，更要富有创造力。

通过我与亚马逊前员工的几次对话，我发现亚马逊文化的特色之一是，几乎任何员工都能提出一个想法并将其推荐给他们的经理。如果这个想法足够好，则可以进行测试，验证其可行性。如果可行，这个想法将在整个组织、团队、小组或部门中实施。亚马逊的文化，是每个人都有机会进行创新并亲历从创新到实施的一种文化。

> “
>
> 像任何公司一样，我们的企业文化不仅是按我们的意图形成的，也是我们历史发展的结果，而且这一历史距现在很近。幸而，在亚马逊历史上有一些小种子长成了参天大树。亚马逊有很多人见证了很多次千万美元的种子投资，后来变成了几十亿美元的庞大业务。在我看来，这种亲身经历和在这些成功经验基础上发展起来的文化，是我们能从一无所有创建一番事业的重要原因。这种文化要求新业务具有很大的潜力并且要具有创新性和与众不同，但并不要求它们一开始就有庞大的规模。
>
> 2006 年致股东的信
>
> ”

《华尔街日报》和德鲁克学院在其报告中，给亚马逊打出最高创新得分的一个原因是，亚马逊专注于创建小型团队并通过小型团队的合作来发挥创造力。贝佐斯不喜欢冗长的会议，也不喜欢庞大的团队。当必须开会时，他有一条提高工作效率的规则，即“两个比萨饼规则”，会议的规模不能超过吃两个大号比萨饼所需的人数。

如果将亚马逊与其他以官僚结构扼杀创造力和创新的大企业相比，你就很容易理解为什么亚马逊一直保持领先地位。那么，亚马逊是如何从仅有贝佐斯和几个开发人员，成长为拥有 60 多万名员工并保持其独特文化的公司呢？我认为最大的原因之一，是他们其实有意识地避免时刻以成功为思考的核心。正如我一开始所言，亚马逊并不是一家完美的公司。但显然，他们在做正确的事。

在亚马逊，无论是一线工人还是高级管理人员，都使用亚马逊领导力原则来维持公司文化。亚马逊拥有许多关于公司文化的视觉线索和提示，可帮助员工记住他们对贝佐斯所认为的最高价值的关注，即以客户为中心。

即使达到千亿美元销售额，他们仍将继续创新，因为要实现业务的长期增长，企业必须保持一种致力于实现价值观而不是保住底线的文化。

## 像贝佐斯一样提问

### 维护你的文化

Q1: 你能否阐明你公司文化是什么？

Q2: 如果你问员工同样的问题，他们的答案会和你的一样吗？

Q3: 你可以采取哪些措施来强化公司文化中的关键因素或积极因素？

第 12 章

# 法则 12：专注于高标准

建立一种高标准的文化值得付出努力，而且还有很多好处。当然，最明显的好处是，你将为客户打造更好的产品和服务，而这就足够了！不那么明显的好处是：人们被高标准吸引，高标准对雇用和留住人才也很有帮助。更微妙的好处是：一种高标准的文化可以对每家公司正在进行的所有无形却至关重要的工作起到保护作用。我说的是那些没人看见的工作，也就是，即使没有人监督也能完成的工作。在一种高标准的文化中，把工作做好本身就是奖励，这就是成为专业人员的一部分意义。

2017 年致股东的信

商界有句老话："如果你觉得请一位专业人士太贵了，那等你请到一个'菜鸟'，你就知道了。"虽然它把原因归结于人的不同，但其要义是正确的。在扩大公司规模时，投资于高标准绝对不是奢侈的行为，而是必需的行为。专注于高标准是你扩大业务规模必不可少的投资。请考虑以下情况：

- 如果需要 10 个人来组装产品，那么最慢的那个员工决定了整体的组装速度。
- 你的组织是否关注细节？你是否不得不花最多心思去纠正最不专心的团队成员所犯的错误？
- 你想提供优质的产品吗？如果产品达不到人们的期望，那么负面评论可能会是毁灭性的。

在你的员工和产品方面设置高标准，可以使你行动迅速而且能扩大规模。动作快速准确的员工使你可以销售更多产品。

细心的员工减少了你需要用于纠正错误的资源。高质量组件将减少退货、负面评论，更好地满足客户需求。

正是出于这些原因，如果你想与亚马逊开展业务，就要期望遵守极高的标准。亚马逊在高标准方面的两个著名例子就是新员工在亚马逊就职，以及第三方与亚马逊开展业务。

## “挑刺者”和三个问题

如果你有机会在亚马逊面试，你会看到招聘流程的重点是高标准，比如关注你的工作经历或教育背景。你也会遇到一些你可能不愿意在面试中见到的人，其中一些面试官被亚马逊称为“挑刺者”。挑刺者是亚马逊公司内部精挑细选的一群人，他们在雇用高水平的人才方面有成功经验，而且还接受了专门的培训。在面试过程中，高管职位尤其如此，通常至少有一名挑刺者在场。挑刺者有一票否决权，贝佐斯或招聘经理等其他任何人都无法推翻。如果某个岗位的招聘流程中有挑刺者，那么如果面试者没有得到挑刺者的通过，就不会被录用。

在 1997 年第一封致股东的信中，贝佐斯明确表示：

> 在这里工作并不容易。当我面试应聘者时，我告诉他们：“你或许能长时间工作或者工作很努力，抑或是在工作中表现得很聪明，但在亚马逊，你必须同

时具备这三点。”我们正在努力打造一些对我们的客户来说重要的东西，一些我们可以告诉子孙后代的东西。这绝非易事。我们非常幸运地拥有一群敬业的员工，他们用奉献精神和热情成就了亚马逊。

1997 年致股东的信

”

但是，挑刺者并不是亚马逊在引进人才方面专注于高标准的唯一方式。亚马逊支持高标准的另一种方式是，要求所有面试官在做出最后决定前要考虑三个问题。以下摘自贝佐斯 1998 年致股东的信：

“

**努力工作，玩得开心，创造历史**

没有出色的人才，就不可能在像互联网这样充满活力的环境中取得任何成就。创造历史本来就不可能易如反掌，而且我们发现要有所作为确实困难重重！现在，我们拥有 2 100 名聪明、勤奋、热情的团队成员，他们将客户放在第一位。在我们的招聘方式中，树立高标准一直是并将继续成为亚马逊成功的最重要的因素。

在亚马逊招聘会上，我们要求面试官在做出决定之前考虑三个问题：

你会钦佩这个应聘者吗？你一生中所钦佩的人很

可能是你学习的榜样。我一直只与我钦佩的人一起努力工作，并且我鼓励亚马逊人也一样严格要求自己。生命实在是太短暂了，不容任何浪费。

这个应聘者会提高其即将加入的团队的平均效率吗？我们想对抗熵增，就必须不断提高自己的水平。我要求人们设想公司 5 年后将是什么样子。然后站在那个时点上，我们每个人环顾四周，可能会说："天啊，现在的标准如此之高。我很庆幸我早早地就加入了公司！"

这个应聘者在多大程度上可能成为超级巨星？许多人具有独特的技能、兴趣和想法，可以活跃所有人的工作气氛，而这通常与他们的工作无关。例如，一位 1978 年的全国拼字比赛冠军，我猜这个头衔对她的日常工作毫无帮助，但如果你在大厅与她偶遇并向她挑战一下"拟声词"①，这确实会使在亚马逊工作变得更加有趣。

1998 年致股东的信

1998 年贝佐斯致股东的信中提到的第一个问题是：你会钦佩这个应聘者吗？许多人隐约觉得他们并不钦佩这个应聘者，有时这是一种直觉，直觉告诉他这个应聘者不太适合。但

①"拟声词"的英文拼写是 onomatopoeia，属于高难度的拼字游戏中才会出现的单词。——译者注

是，有多少人这样刻意考虑这个问题呢？

1998 年贝佐斯致股东的信中提到的第二个问题是：这个应聘者会提高其即将加入的团队的平均效率吗？这个问题确保你会不雇用低于平均效率的员工。否则，他们不会提高团队的平均效率。

1998 年贝佐斯致股东的信中提到的第三个问题是：这个应聘者在多大程度上可能成为超级巨星？寻找这个应聘者身上具备的超级巨星的特质，迫使面试官寻找能实现高成就的人的特定特征，而且也有助于团队最优化地定位新员工，以取得成功。

亚马逊通过挑刺者和诸如上面的这些问题，不断提高每位新员工的水平，并创建只有"甲级球员"才能通过的系统。这很重要，因为真正的甲级球员不仅表现出色，而且还希望自己身边的人也都是甲级球员。他们不会把其他高绩效人士当成威胁，而是希望与其他高绩效人士合作，因为这可以帮助团队取得更大、更辉煌的成就。而对于乙级球员或丙级球员减慢速度或屡犯错误的行为，甲级球员会感到无比沮丧。另外，乙级球员通常害怕甲级球员，因为甲级球员让他们的表现看起来很差。这就是乙级球员通常会跟丙级球员或级别更低的球员共事的原因。

为了保持组织的高标准，你必须对雇用的员工"冷酷无情”。否则会产生连锁反应，你降低标准，然后员工降低标准，依此类推。这种螺旋式下降将延续下去，直到沦为一家不再保持高标准的平庸公司。亚马逊有着工作环境严苛的名声。这对表现最好的员工也是一个挑战，有时甚至对甲级球员级别的员工来说要求过高。但是，甲级球员组成的团队不在意环境的严苛。每个甲级球员都专注于自己的任务并从其他甲级球员做好的工作中获得支持。高标准永远是公司的核心，至少在贝佐斯的领导下是这样。

**亚马逊领导力原则**

## 坚持最高标准

**领导者坚持不懈地制定高标准，许多人可能认为这些标准过高。领导者不断提高标准，推动团队提供高质量的产品、服务和流程。领导者确保缺陷不会下传，并且要确保问题已得到解决，不会卷土重来。**

亚马逊官网介绍了亚马逊如何进行面试的信息。[35]

我们的面试主要是询问关于行为的问题，并依据领导力原则来指引讨论这些问题，会问到应聘者过去遇到的情况或面临的挑战以及如何应对它们。在面试过程中，我们不会问脑筋急转弯之类的问题，例如，“曼哈顿有多少扇窗户？”我们研究过这种方法，发现在预测应聘者是否能在亚马逊成功方面，这类问题并不可靠。

以下是一些关于行为的问题的示例：

- 告诉我一个你过去的真实经历，你遇到的一个可能有多种解决方案的问题是什么？你是如何确定采取的措施的？最终结果如何？
- 你何时冒过险、犯过错或失败过？你如何回应并从这种经历中成长？
- 描述你带领团队完成一个项目的经历。
- 你如何激发一群人或促进团队在特定项目上的协作？
- 你如何利用数据来制定策略？

亚马逊是一家数据驱动的公司。应聘者在回答问题时，应该将重点放在面试官提出的问题上，确保答案结构合理并适时提供指标或数据，尽可能利用最近的情况作为论据。

要拥有高标准，你需要知道自己的标准是什么。亚马逊非常清楚自己的标准。亚马逊并不是一开始就有一套完整的领导力原则体系，而是从少数几项开始并随着发展而逐步对其进行完善的。在面试应聘者、了解他们是否适合你的公司之前，你心里必须有一个比较的标准并且知道需要衡量的那些变量。

像亚马逊面试题那样的开放式问题非常有价值。但是，如果你不知道自己想要的人才是什么样的，这些开放式问题也可能毫无帮助，甚至会让面试更难达到你的目的。这些问题关系到确定某人是否会融入你的企业或组织，然后升入高层。

## 为使第三方保持高标准而投资

在 2018 年夏季，亚马逊宣布了一项为创业者提供机会的计划，参与者通过创业为亚马逊完成送货上门业务，每年可以赚取最高 30 万美元。只需投资 1 万美元起，就可以当亚马逊的送货司机。亚马逊能够让送货司机以最优惠的价格获得送货货车和保险，还将提供稳定的送货量以及他们习惯的特定送货路线。[36]

那么，其中有什么玄机呢？并非所有人都能达到亚马逊对第三方的高标准要求。尽管这个商业模式的经济回报确实吸引了很多送货司机，但亚马逊表达得很清楚，这既是一个好机会，也是一份艰苦的工作。

亚马逊列出了四项候选人的要求。

首先，亚马逊要求候选人“以客户为中心：你从客户开始，逆向工作”。其次，亚马逊要求候选人具备良好的领导才能——“仁者爱人！你需要非常擅长领导和维护一支送货司机队伍”。也就是说，亚马逊正在寻找想要成长的人才，而不是只满足于本职工作的司机。再次，送货司机必须“交付成果：你的进取态度会激励你的团队，即使在遇到挑战时也能应对送货工作”。这将是艰苦的工作，是属于劳动密集型并且具有挑战性的工作。最后，每个人都必须具有“应变能力：你有能力应对快节奏、瞬息万变的业务带来的不确定性”。许多人会因不确定性、快节奏以及业务的瞬息万变而崩溃。如果你是这样的人，亚马逊不希望你申请参加这个计划。

优步和来福车（Lyft）向候选人提倡的东西则与亚马逊形成了鲜明对比。例如，优步提倡的是司机将获得灵活性并迅速得到回报。[37] 来福车与优步相似：“你是自己的唯一领导者。赚钱的地点、方式和时间全由你决定，无论是在你去办公室的路上，还是在你女儿在校时或晚上下课之后，你都可以选择。”[38]

这与亚马逊向候选人强调的客户至上、领导力、结果导向和有弹性的信息，简直是大相径庭。亚马逊宣布这个计划之后的几个月内，美国各地创建了数百家新企业，这些企业雇用了成千上万的送货司机为亚马逊运送包裹。

## 要求非亚马逊人也保持高标准

亚马逊对在亚马逊商城上的第三方卖家有同样高的要求，互联网上有很多关于第三方卖家因不符合亚马逊的高标准而被迫退出亚马逊平台的故事。亚马逊对第三方卖家的高标准要求如下：

亚马逊专注于为客户提供最佳的购物体验。自亚马逊网上商城成立以来，我们采用一种方法来确保良好的客户体验：直接从品牌方采购产品，然后在网上商城出售给客户。为了保持这样的客户体验，我们选择从某些品牌方采购产品，仅由亚马逊出售。其他品牌方如果可以始终如一地维持我们的客户体验标准，就可以继续在亚马逊商城上以卖家的身份销售产品。但是，为防止客户困惑，如果亚马逊出售某个品牌的产品，那么这个品牌商就不得在亚马逊商城上以卖家的身份出售这些产品。

我们从多个维度评估客户体验，包括高库存率、交付体验、价格竞争力和选择范围。我们提供多种工具和服务，来帮助第三方卖家满足我们的标准并在亚马逊商城上成功销售，包括库存管理和自动定价工具、亚马逊送货服务，以及诸如品牌注册之类的发展和保护你的品牌的服务。

如果第三方卖家无法达到我们的客户体验标准，那么可能会失去与在亚马逊商城上作为卖家的某些相关特权，包括在商品详细信息页面上显示优惠，或者彻底失去在亚马逊商城上作为卖家的机会。但是，在这种情况下，这个品牌仍然可以将产品出售给亚马逊，再由我们出售给客户。[39]

换句话说，如果你想在亚马逊上销售产品，则需要保持与亚马逊自营相同的高标准。如果你没有像亚马逊要求自己的员工那样同样地尊重客户，那么你将面临被撤出商品排名或被完全踢出平台的真实风险。亚马逊投资了多种工具来帮助第三方卖家维持高标准，比如亚马逊通过亚马逊物流服务确保第三方卖家以亚马逊的高标准来处理订单。

亚马逊对第三方卖家的投资，在许多方面与特许经营者确保加盟商保持品牌标准的方式类似。你进入任何一家福来鸡[①]的门店，店员都会笑脸相迎，你会吃到同样质量的食物，并且你每说一声“谢谢”都会得到“很高兴为您服务”的回应。特许经营者要求加盟商从中央厨房购买酱料、汉堡和薯条，其实这有助于确保一致的客户体验。客户去一家由特许加盟商或其他类似方式运营的门店后，提前就知道将有什么样的体验。如果客户体验有所下滑，则公司总部可以采用各种方法执行规则或约束个别门店的经营者。

亚马逊希望第三方卖家的客户也能获得同样积极正面的体验。亚马逊希望在亚马逊网站上购物的所有客户的体验是一致的和愉快的。亚马逊为了实现始终如一的高品质客户体验，也利用了类似的规则和工具。

## 对高标准进行投资的整体性做法

标准是否够高决定了你的公司是否能够成功。如果客户的体验不一致，而且经常很糟糕，那么你将永远无法规模化。只

① 福来鸡（Chick-fil-A）是一家美式连锁速食店，以鸡肉三明治为主要特色。1946 年 5 月创立，目前有超过 2 200 间连锁餐厅。——译者注

有在客户体验持续良好的情况下，你才可能进行规模化。

亚马逊投资高标准时采用了整体性的做法。首先，定义亚马逊希望达到的客户体验的标准。其次，它要求参与客户体验的每个人，都要时刻达到这些标准。最后，它要求投入时间和金钱来持续改善客户体验，例如，在面试过程中，考察候选人是否会提高其即将进入的团队的平均影响力等。

要在你的公司中投资高标准，请先定义你想达到的客户体验。然后自问，客户接触到的人员、产品和服务是否符合这些标准。如果不符合，不足之处在哪里？你需要投资购买质量更高的产品，还是需要让招聘过程更严格，抑或是需要让供应商做得更好？

你可能没有与亚马逊一样的市场影响力，但是任何公司都可以不断改善客户体验。例如，如果你是一家小型企业，则可能无法像亚马逊一样对大型制造商产生影响，但是你可以寻找一家较小的制造商，而它可以实现更高的质量并更加看重与你的合作。

创建高标准的文化，可以使企业像创业时期那样继续思考。一旦你偏离了高标准，你就会开始缓慢而痛苦的过程，成为一家“第二天”公司。

> “第二天”是停滞期。接下来是无关紧要，然后是痛苦难忍的衰退，最后就是倒闭。这就是为什么企业需要总是保持在第一天的状态。
>
> 2016 年致股东的信

**像贝佐斯一样提问**

**专注于高标准**

Q1：绩效最高、成就斐然的员工的重要特征是什么？列出三四个。

Q2：你和招聘经理在招聘时是否专注于这些特征？

Q3：谁负责公司的质量控制？他们做得如何？

# 第 13 章

# 法则 13：衡量重要的事情，质疑你所衡量的内容，并且相信你的胆识

我们在亚马逊上做出的许多重要决定都可以通过数据决定。数学会告诉我们哪个是正确的答案或错误的答案，哪个是更好的答案或更坏的答案。这就是我们最喜欢的那类决策。

……

基于数学的决策易于达成广泛的共识，而基于判断的决策则会被反复辩论，而且在付诸实践和被证明之前，还经常会引起争议。任何不愿意承受争议的机构都必须将所有决策当成第一类决策。我们认为，这样做不仅会减少争议，还将极大地限制创新和长期价值的创造。

2005 年致股东的信

……在商业领域，徘徊是低效的……但并不少见。要追随预感、直觉、勇气、好奇心，并坚信客户的奖赏足够大，值得为之疯狂和一往无前，直至寻找到我们的方向。

2018 年致股东的信

贝佐斯认为衡量、分析和指标很重要。有许多衡量标准很突出，但是对贝佐斯来说最重要的两个衡量标准是数据和金钱。

大多数企业都知道，他们需要通过衡量和分析来了解业务状况。贝佐斯的做法有所不同，他还评估客户的反馈，以确保不会被数据和分析误导。也就是说，你正在测量的数据可能是准确的，但是如果数据是错误的，你将得不到所需的信息。

## 数据决定运营决策

数据驱动着亚马逊的一切。实际上，亚马逊根据其系统捕获的数据做出了每个运营决策。多年来，亚马逊已经非常擅长跟踪亚马逊网站上的客户活动。这就是推荐引擎的强大功能，它会告诉客户“购买此商品的客户也购买了……”。这些功能多达几十万种，都是由算法提供支持的，不断改善着客户体验。

亚马逊不断对网站进行测试，以确定最佳颜色、最佳使用按钮、最佳评论位置以及几千种物品。A/B 测试是确定哪些更改将对消费者体验和行为产生最积极影响的标准方法。A/B 测试也称为拆分测试，将测试对象分为两组，将一个选项分配给一个组，另一种选项分配给另一个组，然后查看哪个选项的效果更好。

当你对网站进行细微改动时，你可以将随机的人数定向到新网站，再将相似的人数定向到现有网站，并跟踪和监视交互。借助这些信息，你可以分析确定访问新网站的客户是否喜欢这种改变并购买更多的东西，如果这种改变阻碍了客户购物，就不应该推广。

为了帮助管理 A/B 测试过程，亚马逊创建了一个内部测试平台 Weblab。以下是贝佐斯对它的解释：

— “

我们拥有自己的内部测试平台，称为“Weblab”，可用于评估网站和产品的改进。2013 年，我们在全球范围内运行了 1 976 次 Weblab，高于 2012 年的 1 092 次和 2011 年的 546 次。最近的一项成功，是我们的新功能“请教客户”。早在多年前，我们就率先提出了在线客户评论的想法，即客户分享对产品的意见，以帮助其他客户做出明智的购买决定。“请教”

也是同样的传统的一部分。客户可以在产品页面上询问与产品有关的任何问题。“产品是否与我的电视、立体声、电脑兼容？”“组装容易吗？”“电池可持续使用多长时间？”然后，我们将这些问题转发给曾购买这款产品的客户。与参与评论一样，客户乐于分享他们的体验以直接帮助其他客户。目前已经提出和回答了几百万个问题。

2013 年致股东的信

”

亚马逊的每个员工都可以访问一个提供了大量运营信息的数据库。亚马逊鼓励员工从客户的需求出发进行发明创新的一种方式是，让员工有权查看这些数据并发现新的模式，只要这些新模式可以判断改进是否有益于客户体验。

亚马逊 Weblab 的主管方测试和优化网站，以下是他们对任务的描述：

我们支持大规模测试，为客户打造更好的产品。A/B测试是亚马逊的 DNA，而我们是亚马逊创新方式的核心。

亚马逊的测试与优化团队构建了核心技术，为亚马逊不断发展的业务提供动力。我们致力于工程和科学方面的工作，可帮助领导者根据数据做出合理的决策。我们的团队致力于因果推理、决策研究、测试和预测。我们构建并使用实用的科学工具，这些工具可以在亚马逊及其子公司

**的几乎每个企业和组织使用的分布式系统上运行。我们帮助亚马逊各个团队了解他们的工作，为亚马逊、客户、供应商、合作伙伴等带来长期价值。**[40]

## 衡量重要的事情

在财务数据方面，大多数上市公司关注盈利、每股收益和收益增长率。但贝佐斯不是这样，贝佐斯更喜欢关注每股自由现金流。我不是财务分析师，而是技术专家和风险专家。我并没有经营一家市值数十亿美元的公司，所以不能说自己完全理解这一点。但是贝佐斯做到了，他知道要衡量的对象和衡量方式很重要。

自由现金流，是指公司在支付了维持营业所需的固定费用，诸如租金、必要的设备、维护或升级、技术并拨付了保持当前的债务义务的流动性之后剩余的现金流。自由现金流基本上是企业的可支配收入，即“可以花的钱”。这与常用的“现金流”一词不同，因为它不包括公司以良好的条件继续运营所必须支出的费用，因此从现金流的角度来看，这是一种更准确地估算公司状况的方法。

贝佐斯在 2004 年致股东的信中通过详细的示例和图表，完整详细地解释了自由现金流的重要性，同时定义了他与亚马逊所认为的自由现金流的含义：

> 我们的最终财务指标，也是我们长期以来最想推动的指标，是每股自由现金流。
>
> 自由现金流的定义是，经营活动提供的净现金，减去购买固定资产的支出，包括资本化的内部使用的软件和网站开发，我们的现金流量表中列出了这两项。
>
> 2004 年致股东的信

每股自由现金流是贝佐斯和亚马逊评估其财务状况的首选方式。贝佐斯的主要观点是，典型的华尔街指标并不总是能准确反映公司的健康状况或价值。这就是为什么增长法则就是衡量重要的事情。

贝佐斯在 2004 年致股东的信中，全篇说明了自由现金流，自由现金流而不是每股收益，将继续作为其财务策略的一部分。然而，每天仍有数百万的投资者关注盈利、每股收益和收益增长。这是因为这些投资者拒绝贝佐斯的观点吗？还是因为坚持几十年来主流投资市场所吹捧的观点更容易？

无论你是否同意自由现金流比盈利更能反映公司健康状况，贝佐斯以最大化自由现金流（而非盈利）为前提成功运营亚马逊，至少引人深思，即我们所衡量的是否是对公司真正重要的东西。有一句世代相传的古老格言，“所测即所得”，这一点非常重要。具体来说，如果每次财务审查会议都以盈利为中心，那么领导者会向员工要什么数据或表现？毫无疑问，如果你采用传统的财务进度衡量方法，他们将几乎只专注于增加盈利。

但是，如果你将会议的重点更改为自由现金流会怎样呢？他们就会把精力集中在改善自由现金流上，而关注自由现金流更倾向于长期思维。为了让你的公司衡量重要的事情，首先必须确定组织成功或进步的最终指标。如果你希望像亚马逊一样成长，也许自由现金流将是主要重点。一旦最终决定了措施，就可以与领导者一起确定较小的数据点，并通过测量这些数据点来验证自己是否正在朝着正确的方向前进。在你的公司的每个层面、每个部门、每个团队、每个岗位以及每个新项目或计划中都推行这样的做法。在组织层面上，你采取哪些措施后可以知道自己正在朝着正确的方向前进？对每个部门、团队和岗位也这样衡量，不断询问相同的问题。在尝试新计划时，请评估与你的大目标一致的绩效标准。

如果你清晰地认识了最重要的事情，那么最终可能会测量从未想到的重要数据点，而不再关注多年来一直关注的指标。衡量重要的事情并质疑衡量的内容，也有助于你和团队共同努力，实现公司最重要的共同目标。

> 我们的决定始终反映了这一重点。我们首先根据最能代表我们市场领导地位的指标来衡量自己：客户和收入增长率，客户的复购率以及品牌实力。
>
> 1997年致股东的信

## 质疑你所衡量的内容

一路走来，亚马逊遇到过很多挑战。但贝佐斯分析数据时，他会从大处着眼。在互联网泡沫破灭之际，亚马逊股价在不到一年之内从每股113美元跌至每股6美元，受到了巨大冲击。贝佐斯那一年的致股东信的开头是"哎呀"这个词。

2018年贝佐斯在接受戴维·鲁本斯坦的采访时讲述了这段经历：

> 整个过程非常有趣，因为股票不是公司，公司也不是股票。所以，我看到股票价格从113美元跌至6美元后，也审视了我们的所有内部业务指标，包括客户数量和单位利润等一切数据。业务上的每件事都在变得越来越好、越来越快。在股价下跌的同时，公司内部的一切方向都正确。
>
> 我们不需要回到资本市场。我们不需要更多的钱。像

> 互联网泡沫破裂一样，金融泡沫破灭的唯一原因是困难，这确实使筹集资金变得非常困难。但是我们已经有了所需的资金。因此，我们只需要继续前进。
>
> ……
>
> 人们总是指责我们的生意是在以 90 美分的价格卖掉 1 美元的产品，还说，任何人都可以这样做来使营业收入增长。其实不是，我们的毛利率一直很高。这是一项固定成本的业务。因此，从内部指标我可以看到，只要达到一定数量，我们就可以收回固定成本，而且获利。

## 相信你的胆识

但是，亚马逊并不会盲目地将数据作为决策的唯一标准。在 2018 年南方卫理公会大学布什中心的领导力论坛上，贝佐斯谈到了“反馈”在衡量绩效时的重要性：

> ……我还有一个收发客户信的电子邮箱。虽然我不再大量回复这类信，但我还是看了大部分邮件并转发了其中一些邮件，因为这些信激发了我的好奇心，我将它们转发给负责这方面问题的高管并标出问号。
>
> 这个问号只是一个简写，代表着：你可以调查一下吗？为什么会这样呢？这是怎么回事？
>
> 因为我们有大量的指标，每周都有指标组进行业务审查。我们通过这些指标研究了很多关于客户的事情，比

如，我们是否准时交货，包裹中是否有过多的空气以及过度浪费的包装。因此，我们有很多指标需要监控。

我注意到当反馈和数据不一致时，这些反馈通常是正确的。这说明我们的测量方式存在问题。

每年运送数十亿个包裹，毫无疑问我们需要良好的数据和指标。我们能准时交货吗？是否准时到达每个城市？是否准时送达公寓大楼？是否在某些国家准时交货？我们确实需要数据。

但是，你需要凭直觉和洞察来检查数据，而且要将这种方法教给所有高级主管和工程主管。

数据和直觉之间总是存在矛盾……但是，你始终必须同时拥有两者，这一点是最重要的。

每个客户的反馈都很重要。我们对每个反馈都进行研究，因为它们告诉了我们有关流程的一些信息。这是我们的客户为我们完成的审计，我们将之视为宝贵的信息资源。

——杰夫·威尔克（Jeff Wilke）

亚马逊全球消费者首席执行官

## 不要篡改客户的数据

客户之所以能够接受我们的新计划，主要是因为我们一直在努力赢得他们的信任。获得客户的信任是一项宝贵的业务资产。如果你误解了他们的数据，他们最终会知道并弄清楚的。客户非常聪明。你永远不应该低估客户。

——马赛厄斯·多普夫勒①

在最终衡量是否成功时，无论你采用 GAAP 会计报表还是每股自由现金流，如果客户不相信你的数据，你就失败了。同样，数据驱动着亚马逊的一切。亚马逊几乎每个决策都是由系统中捕获的数据决定的。为什么亚马逊如此专注于数据？因为他们把客户放在首位。

**像贝佐斯一样提问**

**衡量重要的事情，质疑你所衡量的内容，并且相信你的胆识：**

Q1: 你是否确定了业务中关键数据的驱动因素？

Q2: 你是否可以从所有你测量和计算的数据中整理出真正重要的指标？

Q3: 你正在某个方面进行测量吗？

① 引自 2018 年，《商业内幕》母公司阿克塞尔·斯普林格集团（Axel Springer）首席执行官马赛厄斯·多普夫勒（Mathias Döpfner）的访谈。[41]

第 14 章

# 法则 14：相信永远都是第一天

与往常一样，我附上我们 1997 年原始信件的副本。今天仍然是“第一天”。

2018 年致股东的信

“第一天”的真正含义是什么？对于贝佐斯而言，这显然非常重要。他每年都重新回顾 1997 年致股东的信，提醒股东，在亚马逊每天永远是“第一天”。但是，“第一天”是一个概念，而不是一个日期。亚马逊是一家在线企业。在第一天营业时，没有气球、彩带或盛大开幕式的烟花。第一位员工是贝佐斯本人，后来他招聘了程序员，而不是销售员。那么，为什么第一天的想法对贝佐斯如此重要呢？

当我研究贝佐斯致股东的信以及有关他的其他文件和访谈时，有两件事很清晰地浮现出来。

第一，“第一天”代表了亚马逊所有领导力原则，亚马逊在坚持这些领导力原则的情况下，发展成为今天的亚马逊。它是确认和记住他们的初心以及他们始终致力于满足客户需求的坚定信念的基础。有时，他们甚至会取悦客户。

第二，“第一天”是一种心态，而不是关于步骤或策略的清单。这是做出所有决策时所依据的心态。它旨在使公司中的每个人都专注于在每种情况下都做对的事情，而不仅仅从亚马逊的规模和影响力考虑问题。因为，就像儿童的积木塔一样，如果基础不牢固，那么塔会坍塌。“第二天”意味着重复。

在第一天，几乎没有任何事情比客户更重要。就像员工都靠薪水生活一样，许多企业在初期阶段与一个客户交易后就盼着下一个客户。在创业早期，一些企业离倒闭只差那么一两个客户。亚马逊刚上线时，贝佐斯说，在 30 天内他就会知道他们是否能成功。但是，由于每位客户在图书销售中贡献的收入很少，如果不增加客户，他们就不可能增长。亚马逊绝对需要做到规模化。实际上，他们需要增加客户，并且让每个客户重复购买，才能成为今天的规模。因此，从第一天起，亚马逊就着迷于赚钱的、客户重复购买的业务，痴迷于了解客户想要什么、不想要什么。实际上，亚马逊在做所有决定时都以客户为中心。

正如贝佐斯所说的那样：

> 你可以以竞争对手为中心、以产品为中心、以技术为中心，也可以以业务模型为中心，等等。但是在我看来，以客户为中心，迄今最能保护好犹如“第一天”的活力。
>
> 2016 年致股东的信

## 抵制形式主义

亚马逊“相信永远都是第一天”理念的一个关键部分，是贝佐斯所说的“抵制形式主义”。简而言之，在此情境下，形式主义是指人们用来指责他人不理想的行动或决定的任何形式的借口。它们给人们一个不为自己行为负责的借口。形式主义通常包括政策、流程、手续，甚至包括其他人的命令。

你是否遇到过公司代表因为“公司政策”“程序不允许这样做”或“只是遵照命令”而无法替你解决问题？你是否对这样的际遇感到沮丧不已？如果是这样，则说明你遇到了一位不会抵制形式主义的员工。在亚马逊，公司政策或任何其他形式主义都不能作为辜负客户的借口。

当然，每家企业都需要适当的程序和流程来完成任务。他们需要规则和最佳实践来有效运作。但是，这些政策、程序、规则和其他形式主义不应该作为不为客户提供良好服务的借口。因此，也可以从这个角度来理解贝佐斯所说的“抵制形式主义”：就是当你在为客户做正确的事情时，偏离政策和流程也是可以接受的。政策和流程旨在帮助指导决策，而不是以牺牲客户的利益为代价。

为了使你的公司像亚马逊一样成长并且依旧是“第一天”，你必须拒绝让形式主义来决定你的团队应该做什么。当你的流程达到严格决定团队所做的一切的程度时，你甚至不质疑这些流程，你便开始从“第一天”下滑到“第二天”了。

## 积极拥抱外部趋势

即使是聪明而成功的公司，也很难认识到新趋势会如何颠覆其整个业务模式。用贝佐斯的话来说：

> 因为很多人都在谈论和撰写与大趋势相关的著作，所以这些大趋势并不难发现，但是大型组织却很难适应大趋势。
>
> 2016 年致股东的信

新趋势影响组织的最大障碍是公司对冒险的态度，尤其是在新趋势出现时。每当公司总是以一成不变的方式来做事时，领导层和一般员工便会对冒险持抗拒态度，而新趋势往往看起来充满风险。在这种环境下，员工可能会认为任何类型的失败都会破坏他们的职业生涯。对于许多人来说，这是不值得的。因此，这就开始了成为“第二天”公司的过程。

“第一天”公司会因为本身就是初创公司，能感受到外部趋势，并且公司更容易受到更大或更成熟的竞争对手的攻击。因此，他们会努力寻求并利用新趋势来发展，以便更好地为客户服务。其中的诀窍是，即使是已经成长为市值千亿美元的公司，也要保持“第一天”的心态。消费者对其他企业的要求是什么？其他成功的公司开始如何行动？你如何利用这些信息更好地为客户服务？

## 速度比完美更重要

在“第一天”，做出决策很快。因为有权做出决策的人就在现场，可以快速地做出决定。通常那个人就是创始人，而且也是公司的“唯一”。

在“第一天”，你不能等待事事完美，也不能等到信息完整了再做决定。你要根据自己掌握的信息，做出尽可能最佳的决定，但是你必须行动迅速。正如贝佐斯所说，“第一天文化”在决策方面，强调速度胜过完美。关于“第一天文化”，贝佐斯的以下警告需要铭记：

> ……其次，其实在你希望获得的全部信息达到70%左右的时候，就可以做出大多数决定了。如果你一定要等到掌握90%的信息再做决定，在大多数情况下，你可能就已经慢一步了。另外，无论怎样，你都需要善于快速识别和纠正错误的决定。如果你纠偏到位，那么犯错的代价就可能远低于你的想象，而慢

一步则肯定会付出高昂的代价。

2016 年致股东的信

”

这也与亚马逊的核心领导原则力之一密切相关：

**亚马逊领导力原则**

**搁置争议一起努力**

**领导者有不同意见，即使感到不舒服或筋疲力尽，他们也会以很尊重的方式对决策提出异议。领导者有信念并且坚韧。他们不会为了凝聚力而妥协。一旦做出了决定，他们将全力以赴。**

那如果决策是错误的呢？没关系。如果你做出一个第二类决策，但结果很糟糕，那么你可以利用从错误中获得的信息，迅速做出新的决策。建立“第一天文化”所带来的高速决策有一个好处，虽然事情没有按计划进行，但你拥有能够快速做出另一个决策的能力和意愿。

## 像初创公司一样行动和思考

贝佐斯的“第一天思维”可应用于任何行业任何类型的企

业，无论是初创公司还是大型的成熟公司。成为“第一天公司”并不容易，关键是要记住“第一天”是一种心态。在大型公司应用“第一天”的思考方式，可避免浪费并使你始终关注有助于成功的因素。

在初创公司工作，需要投入大量时间，而且往往需要做出巨大的牺牲。但其过程和结果也可能是令人振奋的。当公司成熟时，领导层自然会不再关注有助于公司成长的小细节。亚马逊通过使用看得见和看不见的各种提示来避免这种情况，并在他们所做的所有事情，比如，从门板桌到办公楼的名称，都强调了“第一天文化”的重要性，而这一切都在于记住你创业时的主要价值观。

要维持你在创业“第一天”的专注和激情，可能会让你精疲力竭。但是，抛弃“第一天思维”，将公司日历翻到“第二天”，然后看到你的公司堕入贝佐斯说的那“痛苦难忍的衰退”，才真正让人心力交瘁。

当然，衰退将缓慢地发生。不再专注“第一天”之后几个月或几年，就会产生负面走势。因此，你无所事事的时间越长，重新回到“第一天”的难度就越大。无论如何，当下就是建立“第一天文化”的最好时间。如果你几个月前或者几年前就下降至“第二天”的状态了，要么继续陷在其中无法自拔，要么采取行动重回“第一天”。

贝佐斯在 2016 年致股东的信中回答了这个问题：

> “杰夫，‘第二天’看起来是什么样？”
>
> 我对这个问题很感兴趣：“你是如何抵御‘第二天’的，有哪些技巧和战术？甚至在大型组织内部，你如何保持‘第一天’的活力？”
>
> 这样的问题不可能有简单的答案，肯定有许多元素、多条路径和很多陷阱。我不知道全部答案，但可能知道其中的一些。以下是守卫“第一天”的初级锦囊：对客户的痴迷，对形式主义的怀疑态度，对顺应外部趋势的渴望以及高速决策的能力。
>
> 2016 年致股东的信

你的业务要么正在增长，要么正在萎缩，没有中间地带。避免“第二天”的唯一方法是相信永远是第一天。

**像贝佐斯一样提问**

**相信永远都是第一天**

Q1: 如果你的公司已成立 5 年以上，请自问：我们早些时候做过我希望我们坚持做的事情吗？

Q2：如果你的公司成立不到 5 年，请自问：虽然我希望 10 年之后，我们能赚更多的钱，但还希望我们依然坚持的是什么？

Q3：无论你的公司的历史长短，都请自问：我应该定期做些什么来塑造“第一天心态”？

风险与成长的思维

# 第五部分

# 像贝佐斯一样思考

风险、成长和成功最重要的要素就是人。

我们熟知的人凭借他们的发明和创新思想对世界产生了影响，比如亨利·福特、托马斯·爱迪生、史蒂夫·乔布斯和 J. K. 罗琳。当然，还有更多发明者和创新者。

我相信我们无论身在何处，只要使用贝佐斯和其他人所使用的相同的风险与增长思维方式，都可以改变世界，并让我们的生活变得更好。

这就是风险与增长思维的全部含义。

# 第 15 章

# 风险与成长的思维

这对于互联网时代来说只是“第一天”；如果我们能够妥善地执行业务规划，那么这也是亚马逊的“第一天”。鉴于已经发生的事情，我们可能很难想象未来的一切，但是我们认为前面的机会和风险要比过去更多、更大。我们将不得不深思熟虑并做出某些选择，其中一些选择将是大胆且非常规的。

1998 年致股东的信

你可能知道那句俗话："爱拼才会赢。"但是，贝佐斯却做到了爱学才会赢。这就是赌博与有意识的冒险之间的区别。正如我之前所说，盲目冒险，渴望着能赢，就像是在掷骰子或玩轮盘赌一样，你永远不知道会掷出几点或者轮子会停在哪里。但是贝佐斯不仅有意识地冒险，而且经常敢于冒违反直觉的风险。以下是一些例子。

亚马逊商城：将竞争者的产品放到亚马逊唯一的销售平台上的想法，对许多人来说都是不敢想象的。然而，贝佐斯却这么做了。

亚马逊优选计划：众所周知，运费昂贵，而且几乎没有零售商在不大幅提高价格的情况下为客户支付运费，但贝佐斯提供低价商品免费送货服务。

Kindle：有些人认为电子书不会被习惯阅读实体书的公众所接受，但贝佐斯创造了 Kindle。Kindle 可以容纳数千本书，不仅可以像实体书一样阅读，而且具有亮度可调节和跨平台同步的特点，比实体书的阅读体验更好。

亚马逊云服务：这项服务最初的设计目的是仅适用于亚马逊的内部操作系统。后来，贝佐斯决定向其他开发人员开放其专有平台。当时没有人提供软件服务，也没想到亚马逊会做到这一点，这就是亚马逊获得了 7 年领先优势的原因。贝佐斯当时采取了逆势的做法。

贝佐斯的行为有违常理吗？当然。从一开始就一切都成功了吗？当然没有。但是，贝佐斯并没有冒不必要的风险，鲁莽的冒险肯定会导致迅速失败。他非常审慎，小心地冒险，而这一切都从他看待成功的观点出发。

有人可能会想：“当然贝佐斯可以冒险，他是世界上最富有的人。”但是，有意识地冒险是一种思维方式，和有多少钱没关系。当贝佐斯开着本田雅阁开始从事在线业务时，几乎没有人提供互联网服务，他有意识地冒着风险，将自己、父母和朋友的钱投资这个风险。这是一笔真正的投资。这是对一门生意的投资，也是对一个电子商务的想法的投资。然后，像大多数初创公司一样，他必须继续对自己的想法进行投资，使其成长和发展。

贝佐斯不会不惜一切代价规避风险，而是会将投资风险作为开展业务的成本之一。实际上，他将冒险视为学习和成长的一种方式。随着公司的腾飞，贝佐斯向华尔街投资者挑战，也是一个巨大的风险。华尔街投资者想根据季度利润评估业务，但贝佐斯根据公司的整体增长轨迹来更准确地了解亚马逊的长期业绩。如今，贝佐斯非常重视长期思维，因此他将亚马逊日常的大部分业务都委托给团队，他自己花大量时间思考亚马逊是什么、未来应该成为什么样以及接下来他的期望。

对于贝佐斯来说，“接下来”意味着未来的两三年。2018年，贝佐斯在接受《福布斯》杂志兰德尔·莱恩（Randall Lane）的专访[42]时说：

朋友们在季度收益公告后向我表示祝贺，说：“干得好，这个季度真不错。”我要说：“谢谢，但是这个季度的表现是三年前计划的。”我现在正在规划的是即将在 2021 年完成的季度收益。

当你从未来的视角出发运营公司，实际上，你就在有意识地冒险，因为你并不知道未来的机会。

2018 年，亚马逊已经突破了千亿美元营收大关，贝佐斯说道：

“

随着公司的成长，一切都需要规模化，包括那些失败的测试。如果失败的规模没有增长，那么你所发明的东西其实根本是微乎其微的。如果我们偶尔遇到数十亿美元级别的失败，那么就是在进行与其规模相称的试验。

当然，我们不会冒失地进行此类测试，而是会努力地、明智地进行所有尝试，但是不一定都会得到回报。作为一家大型公司，这种大规模的冒险是我们可以为客户和社会提供的服务的一部分。对于股东来说，赢一个大赌注，就可以弥补许多次失败的损失，这是一个好消息。

2018 年致股东的信

”

我很难理解“偶尔遇到数十亿美元级别的失败”。但这正好说明了为什么贝佐斯是风险大师。

## 贝佐斯如何发展风险与成长思维

贝佐斯并不是一开始就是亿万富翁。他曾经有一份高薪的工作，但后来辞职去追求许多人都认为是荒唐想法的在线业务。他不得不请父母资助 30 万美元，以实现他的新商业想法。贝佐斯于 1998 年在森林湖学院（Lake Forest College）的演讲[43]中说：

我父亲的第一个问题是，互联网是什么？他不是在赌这家公司或者我的这个想法。他赌的是他的儿子能不能成功。

贝佐斯节俭、热情，而且愿意冒险发展自己的业务。在专注于客户方面，他很聪明、顽强而且狂热。20 年之后，在 2018 年，贝佐斯被《福布斯》杂志正式公布为世界上最富有的人。我认为这正式标志着他成为亿万富翁。但是，贝佐斯说，他“中的头彩”不是成为世界首富，而是拥有一个永远支持他的充满爱心的家庭。

1964 年，杰姬・吉斯（Jackie Gise）还是 17 岁的高中生时，就在新墨西哥州生下了贝佐斯，石油工程师米格尔・“迈克”・贝佐斯（Miguel “Mike” Bezos）成为他的继父。

他从 4 岁到 16 岁，每年夏天都与外祖父母一起度过，在外祖父母位于得克萨斯州南部的牧场干活。外祖父劳伦斯・普雷斯顿・吉斯（Lawrence Preston Gise）是美国国防部高级研究计划局的早期雇员。1957 年，苏联将第一颗人造卫星发射到太空后，国防部在五角大楼内创建了这个特殊小组，这个小组由最杰出、最聪明的科学家和工程师组成。

但是在贝佐斯眼里，他只是“外公”。

贝佐斯与外祖父在一起度过了很多时光，他说：

> ……即使我很小的时候，他也非常尊重我，而且愿意和我长时间地谈论技术、空间以及我感兴趣的任何事物。[44]

> **当我4岁的时候，他为我营造了一种幻想——我在牧场上帮助他。当然，这不可能是真的，但是我相信了。**[45]

贝佐斯说，他那时会坐皮卡车或者骑马在牧场里到处逛，随着年龄的增长，他开始做些实际的工作。他会帮外祖父修理风车、修建篱笆、修理重型机械，甚至干一些兽医的活儿，比如帮子宫脱出的母牛进行缝合。他开玩笑地说，“有些牛居然还活下来了！”

> **我外祖父这种生活方式非常有趣，牧场的所有事情都是他自己做的。如果其中一只动物生病了，外祖父不会叫兽医，他会想出自己该做什么。**
>
> **这种机智和能干的职业精神，是我在得克萨斯州科图拉附近上百平方千米的牧场上工作时向外祖父学习的。**[46]

我只能想象贝佐斯与他外祖父之间的对话。我猜想，他们肯定谈了很多关于国防部高级研究计划局当时在做的非机密的事情。我的猜测是，贝佐斯的想象力本来就很活跃，他也着迷于太空飞行以及在长远来看可能做到的事情。这些谈话进一步拓展了他的想象力和幻想。时间、努力工作、发明和解决问题，以及爱父母、祖父母和外祖父母，是一个小男孩长成一个男人的最佳途径。

尼尔·阿姆斯特朗登上月球时，贝佐斯只有5岁；而阿波罗13号功败垂成时，贝佐斯只有6岁。他和外祖父那时已经谈论了很多关于太空的未来、重回月球的意义，这是非常有可能的。贝佐斯上小学时，就有了一些“第一手”的计算机经验。贝佐斯在 2001 年接受美国成就协会[①]的采访时说：

> ……休斯敦一家公司有一台大型计算机，他们允许我们小学的学生在大型计算机空闲时操作它。但是，没有老师知道如何操作这台计算机。不过有一堆使用手册，我和其他几个孩子下课后留下来，学习了如何编写程序。[47]

他们发现的第一件事，是计算机里有一个原版的《星际迷航》游戏，这就成了他们从那时起使用计算机的主要目的。《星际迷航》电视剧和电影的影响不可低估。只要向 Alexa 要“热的伯爵茶”[②]，她就会变着法儿地告诉你“飞船上的复制器尚未运行”。

贝佐斯一家后来搬到佛罗里达州，他毕业于迈阿密高中。他作为荣誉毕业生代表所在班级致毕业典礼辞。毫无疑问，他的演讲主题是太空。他受普林斯顿物理学家杰勒德·奥尼尔（Gerard O’ Neil）博士的影响，在演讲中提出地球资源有限，

---

① 美国成就协会（American Academy of Achievement，也称 Academy of Achievement），由《体育画报》和《生活》杂志摄影记者布赖恩·雷诺兹（Brian Reynolds）创立，意在汇集各个领域的杰出人物，交流思想，鼓励下一代的年轻领袖们。——译者注

②《星际迷航：下一代》里的让 - 卢克·皮卡德（Jean-Luc Picard）船长就是这么说的。

因此他希望将制造业和人类从地球上转移到太空中，以此来保护地球。贝佐斯说，应该将地球指定为国家公园，人们可以在太空生活，回地球度假。这是一次令人着迷的毕业告别演讲，甚至引起了《迈阿密先驱报》（*Miami Herald*）记者的注意，这位记者还发表了一篇有关他的演讲的文章。[48]

贝佐斯渴望成为一名物理学家，所以就读普林斯顿大学。贝佐斯在《卫报》（*Guardian*）的一篇文章中讲述了量子力学结束了他的物理学生涯的故事。最终他获得了普林斯顿大学计算机科学和电气工程双学位的学位。他解释道：

> 普林斯顿大学教给我的最重要的事情之一，就是我不够聪明，无法成为物理学家。[49]

后来他搬到纽约市，遇到了麦肯齐并结了婚，还在金融业和华尔街从事过许多不同的工作。在这段时间里，他继续做着自己创办公司的梦。1998 年，亚马逊仅成立 4 年时，他在森林湖学院的一次演讲中讲述了这段时间的故事：

> 亚马逊创建于 1994 年。那时，我发现了一个惊人的事实：网络使用量以每年 2 300% 的速度增长。我必须谨记，人类并不擅长理解指数级增长，因为那不是我们日常生活中会看到的东西。但是除了细菌培养，任何事物都不大可能发展得那么快。
>
> 我看到这种指数级增长后，就思考在这种增长背景下，

什么商业计划可能会有意义。我列出了可以在线销售的 20 种不同产品的清单，寻找排名第一的最好的那个产品。

我选择图书的原因很多。但是一个主要原因是，目前图书类别下的商品数比任何其他类别中的商品数都要多很多。全球有超过 300 万本以不同语言撰写的图书。第二大产品类别是音乐，大约有 30 万张有源音乐 CD。

当你拥有如此庞大的产品目录时，你可以在线构建无法以其他方式构建的某些东西。最大的实体书店，或者经常由保龄球馆和电影院改建的大型商店只能售卖约 17.5 万种图书，而且像这种规模的商店只有几家。

我们的在线目录中有 250 万种不同的图书，客户可以浏览图书介绍。你能够在线完成无法通过其他任何方式完成的工作非常重要。

这一切都是建立任何一门生意的基本宗旨：为客户创造价值。

3 年前的网络，甚至今天以及未来几年，为客户创造价值是非常重要的。因为如今使用网络的体验很痛苦。我们都经历过调制解调器的断开、浏览器崩溃，还有各种不便，比如，网站速度慢、调制解调器速度慢。

因此，如果要让人们在当今的环境中使用网络，则必须为他们提供极大的补偿，才能让他们忍受这种原始的初级技术。补偿必须很多，要达到你今天能在网上做的、无法以其他方式做到的程度。

这就是为什么众多的产品在网上看起来像是一个成功的组合。要销售 250 万种图书别无他法。你无法在实体书店中这样做，也无法通过印刷的邮购目录做到。如果要打印亚马逊目录，则其厚度将超过40本纽约市的电话号码簿。

贝佐斯从纽约搬到西雅图的原因可能有两个：西雅图是微软公司的总部，因此拥有大量杰出的编程人才；附近还有两家大型图书发行中心——英格拉姆（Ingram）和贝克与泰勒（Baker & Taylor）。他在西雅图租了一套带车库的房子，连接好网络。1994年7月，亚马逊诞生了，为贝佐斯实现成为企业家的梦想奠定了基础。

贝佐斯可以看到即将到来的技术海啸。这场大变革将进行去中间化，创建新的分销渠道，重新设置经济学，改变我们的买卖方式。问题是，我们应将其应用于哪个领域？

——克里斯·安德森（Chris Anderson）

《连线》杂志主编

## 更快的马

你可能已经听说过福特汽车公司创始人亨利·福特的话："如果我问人们想要什么，他们会告诉我，想要跑得更快的马。"我们都知道后来发生的事。福特并没有让人们的马跑得更快，但却给了人们更好的东西——拥有强大马力的汽车。不久，没有人再骑马了。就像汽车取代了马一样，不断发生的事情改变了我们思考和开展业务的方式。总有一些新的发明和产品被我们所忽略，还记得“臭鼬工厂”吗？当时流行的想法是“更快的马”。而福特的想法是设计和测试新产品——价格适中的汽车，制造 T 型汽车，加快流水线，与当地经销商合作，实现规模化。到 1927 年，T 型汽车的销量超过 1 500 万辆。由此可见福特具有冒险与成长的思维。

风险、成长和成功最重要的要素就是人。我们熟知的人凭借他们的发明和创新思想对世界产生了影响，比如亨利·福特、托马斯·爱迪生、史蒂夫·乔布斯和 J. K. 罗琳。当然，还有更多发明者和创新者。我相信我们无论身在何处，只要使用贝佐斯和其他人所使用的相同的风险与增长思维方式，都可以改变世界，并让我们的生活变得更好。

这就是风险与增长思维的全部含义。

结语

# 超越亚马逊

太空：最后的疆界。这是星舰企业号的航行。它不懈地追求使命：探索陌生的新世界，寻找新的生活和文明，大胆地前往无人踏足的地方。

——《星际迷航》

亚马逊如今规模庞大，但只是贝佐斯达到更大目标的手段。从现在开始的六七代人未来的曾孙有了曾孙时，贝佐斯希望人类在太空中自由地享受一种不断发展、充满活力的文明……而他正利用亚马逊来实现这一梦想。

2000 年，距亚马逊成立仅几年之后，贝佐斯悄悄成立了一家名为蓝色起源（Blue Origin）的小公司。蓝色代表地球，起源代表我们生活在宇宙中的根本。如今，蓝色起源公司处于民间太空探索的最前沿。在蓝色起源公司的网站上，贝佐斯写道：

> 从我 5 岁那年，也就是尼尔·阿姆斯特朗登上月球那年，我就对太空、火箭、火箭发动机和太空旅行充满热情。我认为我们都有激情，但我们无法选择激情，是激情选择了你，但你必须为激情保持警醒，你必须时刻追寻激情。这是我正在做的最重要的工作。
>
> 有一个简单的论点：地球是最好的星球，我们面临选

择。在前进的过程中，我们不得不决定我们是否希望停滞。我们将不得不限制人口数量，限制人均能源使用量，或者通过迁入太空来解决问题。但太空旅行非常昂贵。因此，我们需要搞清楚如何降低成本，有一个重要的机会就是可重用性。我们真正需要的是可操作的、现实的、实用的、务实的可重用性，就像商用航空那样，那才是关键。如果我们能够做到这一点，它将大大降低人类进入太空的成本。

我希望会有很多非常有创业精神的初创公司，在太空中做出令人惊奇的事情。登月的想法曾经不可能，人们甚至用登月来比喻不可能的事情。我希望我们从中得到的启发是，只要你下定决心，就能做到。沃纳·冯·布朗（Wernher Von Braun）在登月之后说："我学会了要非常谨慎地使用'不可能'这个词，我希望你们对自己的生活也持这种态度。"[50]

尽管贝佐斯看上去竞争力很强，但我不认为他进行太空冒险是为了赢得竞争，就像埃隆·马斯克或理查德·布兰森爵士一样。

实际上我认为，他正在建造的是基础设施，以实现未来的太空生活。他意识到在他提出开展在线业务的想法之前，亚马逊的基础设施就已经搭建好了。在 2018 年南方卫理公会大学布什中心的领导力论坛上，贝佐斯谈道：

现在重新审视亚马逊20年前所做的，我们不必建立运输网络，当时已经有了，繁重的工作已经就位。我们不必构建付款系统，这部分繁重的工作也已经完成，也就是信用卡系统。我们不必给每个人的桌子上都安装一台电脑。这也已经完成了，虽然主要是为了顺便玩游戏。所有繁重的工作都已经在20年前就位了，这就是为什么我只要花100万美元就可以创办这家公司了。

在过去的20年中，互联网上还有更好的例子。Facebook业务是在宿舍启动的。然而，两个孩子不可能在宿舍里建立一家庞大的太空公司，这是不可能的。我想创建的是繁重工作的基础设施。现在尽力做最苦最累的活儿，以便让下一代的孩子们在宿舍里就能创建一家庞大的太空公司。

## 贝佐斯如何发现基础设施的无价作用

很难想象一个没有互联网和即时互连的世界。亚马逊能够通过使用各种既有服务的基础设施，来发挥和利用这种互联性。例如，如果联邦快递没有在1973年一马当先做到“当有绝对需要时，隔天就会送达”，亚马逊优选计划如何能做到两天内送达？如果苹果公司没有在2007年推出iPhone，在任何地方随时进行的在线购物会发生吗？

贝佐斯始终认为，亚马逊在启动之前基础设施已经就位了。

如今，我们每年交付的产品超过50亿个，销售额超过1 000亿美元，拥有数十万名员工，所以，我们并不是单打独斗。你看看互联网就会发现，这是一个巨大的行业，由一群健康的、富有创业精神的、各种形态和规模的、蓬勃发展的公司组成，他们秉承不同的使命。这是非常动态和令人兴奋的，互联网发展得很快，仅仅20年，我们就看到了这种活力绽放。

我可以告诉你这一切为什么发生。如果你考察电子商务，那么会发现所有繁重的工作都已经提前完成了。我们一开始就拥有了所有这些重要的基础架构。1994年，为了成立亚马逊这家电子商务公司，我们不必在美国全国建立运输网络即可运送包裹，因为当时已经有邮政局和联合包裹公司。运输网络需要花数十亿美元的资产和数十年的时间才能构建完成，但是它已经有了。它的存在不是为了电子商务，而是有其他原因。

同样，互联网也是这样，亚马逊在诞生之前就有电话网络。很早以前，我们用可以连接的小小的声频调制解调器，就能在另一个庞大的基础设施（即本地和长途电话网络）之上建立互联网。它不是为互联网和电子商务设计的，而是专为语音呼叫设计的，但它已经存在了。远程付款也是如此：人们有信用卡等条件。因此，已经有很多不同的东西事先就位了。

如果你想看到在一个充满创业精神和活力的黄金时代，成千上万的企业家在太空中开创非凡的事业，那么我们现在是无法做到的，起码在50年内是这样。我们之所

> 以看不到，是因为庞大繁重的基础工作还没有就位。在你看到这种巨大的飞跃之前，可能有很多事情要做，但我不这么想。我真的认为，我们只是需要搞定一件大事，即以更低的成本进入太空。[51]

贝佐斯创建基础设施的想法，正如一句名言“站在巨人的肩膀上”。今天发生的事情建立在过去许多人不懈努力的基础上。贝佐斯现在正在努力为将来的人们创造一个“过去”。

蓝色起源公司的座右铭是“Gradatim Ferociter”（“勇猛精进”的意思，拉丁语）。

> 我们不是在参加比赛，很多人都在为了让人类进入太空造福地球而努力。我们在此旅程中的角色，是用我们可重复使用的运载工具来建造一条通往太空的道路，让我们的孩子可以创造未来。我们将稳步前进，因为欲速则不达。慢则稳，稳则快。[52]

因为贝佐斯正在“建造一条通往未来的道路”，所以我相信他在蓝色起源公司遵循与打造亚马逊相同的成长周期和 14 条增长法则，以实现他的私人太空旅行梦想。他正在实施测试、构建、加速和规模化这四个周期。接下来，我将 14 条增长法则应用于蓝色起源公司。

## 安德森 14 条增长法则

### 测试

**鼓励“成功的失败”：**蓝色起源公司首先进行小规模实验，看看哪种方法最有效。因为即使对贝佐斯来说，太空探索也非常昂贵。

**押注大梦想：**太空旅行显然是一个大创意。

**实践动态的发明与创新：**为了探索在太空旅行中的未知，他们必须发明和创造。

### 构建

**痴迷于客户：**他们的客户是未来的乘客、第三方以及我们曾孙的曾孙。

**运用长期思维：**他们正在创造新的生活方式，距今数百年的未来生活。

**了解你的“飞轮”：**蓝色起源公司成立于 2000 年，随着他们学习、发展和扩展业务以开发用于太空旅行的可重复使用的载体，他们获得了动力。

### 加速

**生成快速决策：**决策速度尽可能快，但同时要谨慎。蓝色起源公司的吉祥物是乌龟，因为冒险决策必须像龟兔赛跑故事中的乌龟一样，“慢则稳，稳则快。”

**化繁为简**：蓝色起源公司致力于将普通人送入太空，而不仅仅是宇航员。

**以技术换时间**：蓝色起源公司正在创造和发展技术进步，以使太空旅行变得更加普遍和快捷。

**提升所有权意识和主人翁精神**：太空旅行属于私人行为，无须等待政府计划。

**规模化**

**维护你的文化**：简而言之，专注于太空探索的文化是有共同目标的文化。

**专注于高标准**：只有最优秀和最聪明的人才能使我们安全地进入太空。

**衡量重要的事情，质疑你所衡量的内容，并且相信你的胆识**：必须对一切进行衡量、测试、量化和复制，以确保安全，但是当你的直觉与数据矛盾时，请再次询问并再次测试。

**相信永远都是第一天**：实际上，蓝色起源公司一直是在“第一天”。信念对于进入太空是至关重要的。

亚马逊业务正在助力贝佐斯更有激情地实现更大的梦想。实际上，亚马逊可能是贝佐斯个人的“飞轮”。亚马逊是推动太空探索前进的强力推动者，随着起飞，它将获得动力。

成长周期和安德森 14 条增长法则对亚马逊的成长，以及对蓝色起源公司的成长都至关重要，并且几乎可以应用于任何企业、任何组织和任何地方。

正是对太空的痴迷、花时间帮外祖父在牧场上工作以及从小就展现出的创新思维，使贝佐斯有了甘愿有计划地冒险的意愿和想法，并由此创建了亚马逊。当你遵循成长周期和 14 条增长法则时，你也可以像亚马逊一样发展你的业务。人类进入太空有风险，业务增长有风险，生活也有风险。但问题是：根本不承担任何风险，不是更大的风险吗？

***

在电影《阿波罗 13 号》的结尾，指挥官吉姆·洛弗尔说：

> 有时我抬头仰望月球，回想起我们长途航行中命运的变化，想到曾有成千上万人将我们三个人带回地球。我抬头看着月球，心中满是迷惘。我们什么时候再去呢？又会是谁能再回去呢？

附录 A

# 2018 年致股东的信

致我们的股份所有者：

过去 20 年中，前所未有却非凡的事情发生了。看看以下这些数字：

1999 年　3%
2000 年　3%
2001 年　6%
2002 年　17%
2003 年　22%
2004 年　25%
2005 年　28%
2006 年　28%
2007 年　29%
2008 年　30%
2009 年　31%
2010 年　34%

| | |
|---|---|
| 2011 年 | 38% |
| 2012 年 | 42% |
| 2013 年 | 46% |
| 2014 年 | 49% |
| 2015 年 | 51% |
| 2016 年 | 54% |
| 2017 年 | 56% |
| 2018 年 | 58% |

亚马逊的大部分独立第三方卖家是中小型企业。上面的百分比代表着他们在亚马逊上销售的实体商品占总销售额中的份额，从占总销售额的 3% 增长到 58%。实际上，第三方卖家正在狠狠地猛踢我们的屁股。

这个增长速度非常快，因为在此期间，我们的自营业务也在急剧增长，从 1999 年的 16.4 亿美元增长到 2017 年的 1170 亿美元。在此期间，自营业务的年复合增长率为 25%。但与此同时，第三方销售额从 1 亿美元增长到 1600 亿美元，年复合增长率为 52%。参考一个外部的标准：eBay 在同时期商品销售总额的年复合增长率是 20%，从 28 亿美元增长到 950 亿美元。

为什么独立第三方卖家在亚马逊上的销售，要比在 eBay 上好很多呢？为什么独立第三方卖家能够比亚马逊组织严密的自营销售增长快很多呢？这些问题没有统一的答案，但是我们确实知道答案中非常重要的一部分。

我们通过投资并向独立第三方卖家提供我们可以想象和构建的最佳销售工具［**法则 12：专注于高标准**］，来促进独立第三方卖家与我们的自营业务竞争。有很多这样的工具，包括可以帮助卖方管理库存、处理付款、跟踪装运、创建报告以及跨境销售，而且我们每年都在进行更多的发明和创新。其中非常重要的是，亚马逊配送和优选会员计划。这两个计划可以显著改善从独立第三方卖家购买产品的客户体验［**法则 4：痴迷于客户**］。如今，这两个计划的成功已经显而易见了，但大多数人今天很难相信我们当年推出这两个计划时它们有多么激进。经过大量的内部辩论之后，我们冒着巨大的财务风险对这两个计划进行了投资［**法则 2：押注大梦想**］。随着尝试不同的创意和迭代，我们必须继续进行大量投资。我们无法肯定地预知这些方案最终是什么样的，更不用说它们是否会成功，但是我们乐观地凭直觉和内心的力量推动它们前进。

## 直觉、好奇心和徘徊的力量

从亚马逊创建之初，我们就知道要创造一种建造者的文化［**法则 11：维护你的文化**］。建造者就是好奇的人、探索者、喜欢发明的人。即使他们是专家，也保持着初学者的新鲜感。他们将我们做事的方式看作只是我们目前这么做而已。建造者的心态帮助我们把握难得一见的重大机遇，他们谦逊地相信成功可以通过迭代来实现：发明、推出、重新发明、重新推出，再重新循环。他们知道通往成功的道路绝不会一马平川［**法则 1：鼓励“成功的失败”**］。

在企业中，通常你确实知道前行的方向，这时，你可以非常高效［**法则 6：了解你的“飞轮”**］地行动，制订计划并予执行。在商业领域，徘徊是低效的……但这也不少见。要以预感、直觉、勇气、好奇心为向导，并坚信客户的奖赏足够大，值得为之疯狂和一往无前，直至找到我们的方向。徘徊是对效率非常有效的反向平衡。你需要两者兼顾。超重大的发现，也就是“非线性”的发现，极有可能需要徘徊。

亚马逊云服务的数百万客户涵盖了从初创企业到大型企业，从政府实体到非营利组织，每个客户都希望为其最终用户构建更好的解决方案。我们花了很多时间思考这些组织的需求以及内部人员的需求，包括开发人员、开发经理、运营经理、首席信息官、首席数字官、首席信息安全官等。

我们基于倾听客户的意见，构建了亚马逊云服务上的大部分内容。要问客户他们想要什么，仔细倾听他们的回答，并制订一个计划，迅速地、周到地提供客户想要的服务。因为速度在商业领域就是一切！这至关重要［**法则 7：生成快速决策**］。没有对客户的痴迷，任何企业都无法繁荣发展。但这还不够，最大的推动力是客户未想到的东西。我们必须从客户的角度发明新事物。我们必须善用自己可能达到什么水平的想象力。

亚马逊云服务就是一个例子。以前没有客户想过需要亚马逊云服务。事实证明，实际上这个世界已经做好了接受亚马逊云服务之类的产品的准备，而且十分渴求，但就是无人察觉。我们根据直觉［**法则 3：实践动态的发明与创新**］，跟随我们的好奇心，承担了必要的财务风险，并在此过程中开始进行无数次构建、重新推出、实验和迭代。

在亚马逊云服务上，相同的模式已经反复多次。例如，我们发明了 DynamoDB，这是一种高度可扩展的、低延迟的键值数据库，现有成千上万的亚马逊云服务客户使用。我们认真聆听客户的声音，得知他们的商业数据库选择有限，数十年来一直不满意他们的数据库提供商。因为这些产品价格昂贵、专有、有着高度锁定性和惩罚性的许可条款。我们花了数年时间来构建数据库引擎 Amazon Aurora，这是一种完全托管的 MySQL 和 PostgreSQL 兼容服务。作为商用引擎，它具有与商用服务器相同，甚至更好的持久性和可用性，但成本仅为其 1/10。它受到客户的欢迎，我们并不感到惊讶。

我们也对用于特殊工作负载的特殊数据库感到乐观。在过去的 20 多年中，公司使用关系数据库来运行大部分工作负荷。开发人员对关系数据库的广泛了解使该技术成为首选，即使它并不理想。尽管只是次优选择，但数据集通常足够小，可接受的查询等待时间足够长，它尚有用处。但是今天，许多应用程序正在存储大量数据，以 TB 和 PB[①] 计，并且对应用程序的要求也已改变。现代应用程序推动了对低延迟、实时处理以及每秒处理数百万个请求的能力的需求。我们不仅有像 DynamoDB 这样的键值存储，还有像 Amazon ElastiCache 这样的内存数据库、Amazon Timestream 之类的时间序列数据库，以及如 Amazon Quantum Ledger Database 这样的分类解决方案。使用合适的工具处理正确的工作，不仅可以节省开支，还可以将你的产品更快地推向市场［**法则 9：以技术换时间**］。

我们还致力于帮助公司利用机器学习，并且已经为此进行了长期的工作［**法则 5：运用长期思维**］。与其他重要的进步一样，我们最初尝试将一些已有的内部机器学习工具外部化，但后来失败了。经过数年的测试、迭代和完善，以及来自客户的宝贵见解，我们最终找到了 SageMaker，于 18 个月前推出。SageMaker 从机器学习过程的每个步骤中消除了繁重的工作、复杂性和猜测，让人工智能民主化。如今，成千上万的客户正在使用 SageMaker，在亚马逊云服务上构建机器学习模型。我们将继续完善服务，包括添加新的强化学习功能。强化学习具有陡峭的学习曲线和许多可移动部分，这使目前在很大程度上除资金最雄厚、技术最强大的组织外，所有其他人都没有能力驾驭它。没有好奇心的文化和代表客户尝试全新事物的意愿，这一切都是不可能的。我们以客户为中心的摸索和

---

① 1TB=1024GB，1PB=1024TB。——编者注

倾听收到了客户热烈的反响。亚马逊云服务现在年营业额达 300 亿美元，并且仍在快速增长。

## 想象不可能

如今，亚马逊在全球零售业仍然是小人物。我们在零售市场中所占的比例较低，而且我们涉足的每个国家和地区都有规模更大的零售商。这主要是因为近 90% 的零售仍然发生在线下的实体店里。多年以来，我们一直在考虑如何在实体店为客户提供服务，但我们认为首先需要发明一种在实体店的环境中能够真正令客户满意的产品。亚马逊 Go 便利店的出现让我们有了明确的愿景，摆脱实体零售最糟糕的事情：收银台。因为没有人喜欢排队等候。我们设想了一家商店，你可以走进去，拿起想要的东西，直接离开。

实现这一点并不容易，在技术上很难。它需要全球几百名聪明、敬业的计算机科学家和工程师的努力。我们必须设计、制造具有自有知识产权的摄像头和货架，发明新的计算机视觉算法，以及将数百个协作摄像头中的图像拼接在一起。而且，我们必须让技术运行顺畅，甚至客户都感觉不到背后的一切［**法则 8：化繁为简**］。客户将在亚马逊 Go 便利店的购物经历视之为奇迹，这就是对我们努力的奖赏。

## 失败也需要规模化

随着公司的成长，一切都需要规模化，包括那些失败的测试。如果失败的规模没有增长，那么你所发明的东西其实根本是微乎其微的。如果我们偶尔遇到数十亿美元级别的失败，那么就是在进行与其规模相称的试验。当然，我们不会冒失地进行此类测试，而是会努力地、明智地进行所有尝试，但是不一定都会得到回报。作为一家大型公司，这种大规模的冒险是我们可以为客户和社会提供的服务的一部分。对于股东来说，赢一个大赌注，就可以弥补许多次失败的损失，这是一个好消息。

Fire 手机和 Echo 的开发大约同时开始。Fire 手机失败后，包括开发人员在内的我们吸取教训，并加快了构建 Echo 和 Alexa 的工作。我们构建 Echo 和 Alexa 的想法受到《星际迷航》中计算机的启发。这个想法也源于我们已经建立和摸索多年的另外两个领域：机器学习和云。从亚马逊成立之初起，机器学习就成为我们产品推荐中必不可少的一部分，而亚马逊云服务使我们在云功能方面处于前列。经过多年的开发，Echo 于 2014 年首次亮相，该技术由亚马逊云服务中的 Alexa 提供支持。

没有客户提出过想要 Echo 这样的产品。这绝对是我们摸索的结果。市场调查也不能发现这种需求。如果你在 2013 年拜访一家客户说："你是否想在厨房里使用一个黑色的一直处于工作状态的圆筒，像一个薯片筒那么大，你可以与之交谈并提出问题，还可以让它打开灯光、播放音乐？”我可以向你保证，他们会奇怪地看着你，说：“不，谢谢。”

自从第一代 Echo 上市以来，客户已经购买了超过 1 亿个支持 Alexa 的设备。2017 年，我们将 Alexa 理解请求和回答问题的能力提高了 20% 以上，同时增加了数十亿个事实，使 Alexa 的知识比以前更加丰富。开发人员将 Alexa 技能的数量增加了一倍，达到 8 万个。与 2017 年相比，客户在 2018 年与 Alexa 交流的次数增加了数百亿次。2018 年，内置 Alexa 的设备数量增加了一倍以上。现在有 150 多种不同的产品内置 Alexa，从耳机和 PC 到汽车与智能家居设备均可使用，以后还会有更多内置 Alexa 的产品。

在结束此信之前，再谈最后一件事。正如我在 20 多年前第一封致股东的信中所说，我们的重点是雇用和留住能像所有者一样思考的复合型员工［**法则 10：提升所有权意识和主人翁精神**］。要做到这一点，需要对员工进行投资，就像在亚马逊上进行的许多其他事情一样，我们不仅使用分析，而且还依据直觉［**法则 13：衡量重要的事情，质疑你所衡量的内容，并且相信你的胆识**］，听从内心的声音，寻找前进的方向。

2018 年，我们将在美国所有全职、兼职、临时和季节性雇员的最低工资提高到每小时 15 美元。这次加薪使超过 25 万名亚马逊员工，以及上个假期在亚马逊网站工作的美国各地超过 10 万名季节性员工受益。我们坚信，在员工身上投资将有利于发展业务。但这不是决定性的驱动力。我们一直提供有竞争力的工资。我们认为现在应该由我们来引导潮流，提供远超市场竞争力的工资。我们之所以这样做，是因为这才是正确的做法。

今天，我向我们的顶级零售竞争对手发出挑战，看他们是否会提供我们的员工福利和 15 美元最低时薪。最好他们能提高到 16 美元，让我们接着挑战。这是一种会让所有人都受益的竞争。

我们为员工推出的许多其他计划，不仅是深思熟虑的结果，也是发自我们的内心。我之前曾经提到过职业选择计划，这个计划为员工获取合格学习领域的证书或文凭最多支付 95% 的学费，这样员工可以按需选择职业，即使他们为了新职业而离开亚马逊。现在已有超过 1.6 万名员工受益于这项计划，并且受益的员工数量持续增长。同样，根据职业技能计划，我们也对临时工进行关键工作技能的培训，例如，简历写作、有效沟通和计算机基础知识。2017 年 10 月，为兑现这些承诺，我们签署了《总统对美国工人的承诺》，并宣布我们将通过一系列创新培训计划，提高 5 万名美国员工的技能。

我们的投资不限于现有员工。为了培训明天的劳动力，我们已承诺提供 5 000 万美元，例如，通过我们最近宣布的亚马逊未来工程师计划，支持美国全国范围内的面向小学生、中学生和大学生的 STEM 和 CS 教育[①]，特别注重吸引更多的女孩和少数族裔选择这些职业。我们还将继续利用退伍军人卓越的难以置信的才能。我们正在努力实现承诺，到 2021 年计划雇用 2.5 万名退伍军人和军人配偶。通过亚马逊技术退伍军人学徒计划，我们将在云计算等领域为退伍军人提供在职培训。

非常感谢我们的客户，给我们机会让我们为你们提供服务，同时不断挑战我们，督促我们做得更好；十分感谢我们的股份所有者的持续支持；并感谢我们全球所有员工的辛勤工作和开拓精神。亚马逊各地的团队都在倾听客户的意见，并从他们的角度出发去努力！

与往常一样，我附上我们 1997 年原始信件的副本。今天仍然是第一天［**法则 14：相信永远都是第一天**］。

① STEM 是科学（Science）、技术（Technology）、工程（Engineering）及数学（Math）四类学科的首字母缩略词。CS 是计算机科学（Computer Science）的缩略词。——译者注

附录 B

# 亚马逊常用术语

**1-ClickShopping®：**一键购物，亚马逊在 1998 年申请专利的一种购物方法，允许客户使用存储在亚马逊服务器上的用户的详细信息进行支付。因此，亚马逊客户只需单击一下鼠标即可进行购买。亚马逊于 1999 年获得了该购物流程的专利。

**亚马逊是世界上最以客户为中心的公司：**贝佐斯反复使用这个短语，强调亚马逊将客户作为其关注焦点。

**亚马逊新鲜屋：**在西雅图试行了 5 年的杂货以及大约 50 万种其他不同类别的商品服务，然后推广到其他城市。

**亚马逊储物柜：**亚马逊储物柜是安全的自助服务厅，你可以在一个方便的时间和地点领取亚马逊寄来的包裹。

**亚马逊商城：**2001 年，该平台允许第三方卖家在与亚马逊自营产品相同的页面上展示其产品，第三方卖家可以直接接触到亚马逊的客户。第三方卖家向亚马逊支付的费用平均为商品价格的 15%。

**亚马逊云服务：**亚马逊云服务是一个安全的云服务平台，提供计算机功能、数据库存储、内容交付以及其他功能来帮助企业扩展和发展。

**美国客户满意度指数：** 也称为 ACSI，它衡量美国范围内各种产品和服务的客户满意度。它也被视为经济指标，由密歇根大学国家质量研究中心的研究人员于 1994 年推出。

**亚马逊拍卖：** 亚马逊 1999 年的主要举措之一，据报道其推出是为了与 eBay 竞争。它后来失败并导致亚马逊收购了 zShops，后者演变成为亚马逊商城。

**AWS：** 请参阅亚马逊云服务。

**资本高效的业务模式：** 1999 年致股东的信中提到，亚马逊的年销售额为 16.4 亿美元，只需要不到 6 亿美元的库存和固定资产，前几年累计仅使用了 6 200 万美元的运营现金。随着公司的不断发展，这个短周转周期使公司受益。

**职业选择：** 亚马逊为员工支付紧缺职业类课程学费的 95%。

**混沌式存储：** 库存物品存储在货架上任何有闲置的地方。这意味着任何一个存储箱都可以将 5 个完全不同类别的产品一起存储。据估计，与使用传统技术的仓库相比，亚马逊可以在相同的空间内多存储 25% 的商品，这种技术可以提高效率。

**每笔订单的联系次数：** 这是亚马逊最重要的客户满意度衡量标准之一，用于计算每笔订单中与每个客户的联系次数。

**客户体验支柱：** 亚马逊坚信，客户将始终希望获得低价、大量的选择和快速的交付，并且这种情况不会随着时间的推移而改变。

**配送中心：** 最初是亚马逊成立初期的仓库和库存中心。亚马逊位于西雅图和特拉华州的配送中心是 1997 年成立的第一批配送中心，并成为配送网络的先驱。

**亚马逊配送：** 亚马逊拥有世界上最先进的物流网络之一。借助这个网络，供应商可以将产品存储在亚马逊配送中心。亚马逊挑选、包装、运送这些产品，并提供客户服务。亚马逊物流可帮助企业扩展并吸引更多客户。卖家平均为此服务支付 15% 的费用。

**配送中心（FC）网络：**供应商将商品运送到配送中心，而亚马逊则将商品运送给客户。库存管理是许多在线商店普遍存在的运营问题，但它是培养最佳客户体验的重要组成部分。

**全球销售计划：**根据贝佐斯的说法，该计划在 2017 年增长了 50% 以上，使中小型企业可以跨国界销售产品，适用于可以在其他国家和地区销售的亚马逊商城的第三方卖家。

**历史购买数据：**这是亚马逊在做出进货决定时依据的参考数据的一部分。它观察这个产品的购买频率，以衡量和预测客户需求。

**信息碎片化：**在 2007 年致股东的信中，贝佐斯讨论了人类如何与工具一起发展。新技术使我们进入了零散的信息消费领域，贝佐斯认为人们的注意力集中度更低了。

**即时订单更新：**一种亚马逊网站的功能，用于提醒你已经购买了特定商品，以防止你不小心两次购买同一件商品。

**度假共享：**一项公司计划，如果亚马逊员工配偶的雇主不提供带薪假，亚马逊员工可以与配偶或同居伴侣分享带薪假。

**图书详情页：**2000 年新增的一项服务，客户可以借助该功能查看封面和封底的高分辨率图像，以及他们有兴趣购买的图书的合理范围的展示页。

**个性化：**了解客户的偏好并寻求改进亚马逊网站，以迎合客户需求。

**价格弹性：**贝佐斯指出，尽管亚

马逊实际上可以提高价格，但亚马逊却与数学算法背道而驰，选择降低价格。他指出，亚马逊有足够的弹性数据，因此可以观察到价格下降使单位销售量增加了一定的百分比。

**逐渐回归工作：**在亚马逊工作的母亲们对工作节奏有更多的控制权，这样可以让她们回归工作的过程更轻松些。

**抵制形式主义：**根据贝佐斯的说法，随着公司的发展，存在形式主义的风险，尤以流程为最。形式主义的风险有可能变成实际的事物或产品，或成为重点，并代替结果而不再是手段。贝佐斯指出，公司必须控制流程，而不是被流程控制。

**全文搜索：**用户可以浏览特定图书一些单独的数字化页面，以确定是否要购买此书。

**搜索建议：**2006 年，亚马逊增加了搜索功能，用户可以输入前几个字母，搜索引擎会提示输入建议的单词或词组。

**平台的自助服务性质：**贝佐斯强调，这会刺激创新，因为即使是最善意的“看门人”也会阻碍进步，尤其是当他们以看似不可能的想法的形式出现时。亚马逊配送是自助服务平台的一个示例。

**卖家弹性：**亚马逊首次在印度推出一项新的快递服务——卖家弹性，目的是测试亚马逊如何使其配送中心网络适应当地物流和客户需求。亚马逊的配送网络中包括本地卖家的仓库，以提供运营基础设施和运营程序。截至 2015 年，在 10 个城市中有 25 个功能性站点。

**面向服务的体系结构（SOA）：**SOA 被认为是亚马逊技术的主要组成部分，SOA 在成为流行语很久之前就已在公司中推出。亚马逊技术被作为服务执行，并允许其按照自己的节奏发展。

**技能前瞻：**根据贝佐斯的说法，这需要确定组织中的可用技能，并思考如何进一步应用这些技能。但是，他告诫说，仅凭这一点并不是一个好的策略，因为现有技能最终可能会过时。

**超级节省运费：**2001 年开始对满 25 美元的订单提供全年免费送货服务。

**运输枢纽：**亚马逊在决定配送中心的地点时，会考虑在特定位置可用的运输枢纽，以实现最高效、最快速的产品运输。

**Weblab：**亚马逊的内部测试平台，用于评估产品、网站和其他改进。

**逆向工作：**根据贝佐斯的说法，这需要确定客户需求，然后开发新的技能和能力来满足需求。这是与技术进步相结合的策略。

**zShops：**亚马逊拍卖的后续版，允许任何人建立在线商店。

# 参考文献

1 2010 Baccalaureate Remarks. Princeton University. Accessed April 30, 2019.

2 Annual Reports, Proxies and Shareholder Letters. Accessed March 1, 2019.

3 AWS Culture. Amazon. Accessed March 1, 2019.

4 Leadership Principles. Amazon. Accessed March 1, 2019.

5 Blodget, Henry. I Asked Jeff Bezos The Tough Questions— No Profits, The Book Controversies, The Phone Flop—And He Showed Why Amazon Is Such A Huge Success. Business Insider. December 13, 2014. Accessed April 30, 2019.

6 Kranz, Gene. Failure Is Not an Option: Mission Control from Mercury to Apollo 13 and Beyond. New York: Si-

mon & Schuster Paperbacks, 2009.

7 Hosking, Julie. "The Men Behind the Moon Landings. The West Australian. May 05, 2018. Accessed April 30, 2019.

8 Blodget, Henry. I Asked Jeff Bezos The Tough Questions—No Profits, The Book Controversies, The Phone Flop—And He Showed Why Amazon Is Such A Huge Success.

9 The David Rubenstein Show: Jeff Bezos. Bloomberg.com. September 19, 2018. Accessed April 30, 2019.

10 Amazon Lab126. Amazon.jobs. Accessed April 30, 2019.

11 DeGeurin, Mack. From Online Books to Smart Speaker Behemoth: How Amazon Conquered the Bookstore and is Using it to Showcase What's Next." Medium. October 11, 2018. Accessed April 30, 2019.

12 Amazon.com Introduces New Logo; New Design Communicates Customer Satisfaction and A-to-Z Selection. Amazon.com, Inc. Press Room. January 25, 2000. Accessed April 30, 2019.

13 Blodget, Henry. Just the Latest Example of Why Am-

azon Is One of the Most Successful Companies in the World. Business Insider. December 09, 2012. Accessed April 30, 2019.

14 Brand, Stewart. About Long Now. The Long Now Foundation. Accessed April 30, 2019.

15 The 10 000 Year Clock. The Long Now Foundation. Accessed April 30, 2019.

16 Ibid.

17 Tweney, Dylan. How to Make a Clock Run for 10 000 Years. Wired. June 23, 2011. Accessed April 30, 2019.

18 Stoll, John D. For Companies, It Can Be Hard to Think Long Term. The Wall Street Journal. December 03, 2018. Accessed April 30, 2019. .

19 Market Caps of S&P 500 Companies 1979 – 2019." SiblisResearch.com. April 03, 2019. Accessed April 30, 2019.

20 Haden, Jeff. Best From the Brightest: Jim Collins's Flywheel. Inc.com. January 21, 2014. Accessed April 30, 2019.

21 Griswold, Alison. Amazon Just Explained How Whole Foods Fits into Its Plan for World Domination. Quartz.

July 30, 2018. Accessed April 30, 2019.

22 Collins, Jim. Turning the Flywheel. Jim Collins - Books - Turning the Flywheel. January 2019. Accessed April 30, 2019.

23 A Conversation with Jeff Bezos. Forum on Leadership. Accessed April 30, 2019.

24 Porter, Brad. The Beauty of Amazon's 6-Pager. LinkedIn. Accessed April 30, 2019.

25 Rogers, Everett M. Diffusion of Innovations. 5th ed. New York: Free Press, 2003.

26 Ciolli, Joe. Amazon's $1 Billion Purchase of PillPack Wiped Out 15 Times That From Pharmacy Stocks—And It Shows The Outsize Effect The Juggernaut Can Have On An Lndustry. Business Insider. June 28, 2018. Accessed April 30, 2019.

27 Amazon Fulfillment: FAQs. Accessed May 01, 2019.

28 Amazon Restricted Stock Units: Becoming an Owner. Amazon. Accessed April 30, 2019.

29 Roth, Daniel. Top Companies 2019: Where the U.S. Wants to Work Now. LinkedIn. April 3, 2019. Accessed April 30, 2019.

30 Leadership Principles. Amazon.

31 Day One Staff. How to Build Your Own Amazon Door Desk. The Amazon Blog: Day One (blog), January 16, 2018. Accessed April 30, 2019.

32 Karlinsky, Neal, and Jordan Stead. How a Door Became a Desk, and a Symbol of Amazon. The Amazon Blog: Day One (blog), January 17, 2018. Accessed April 30, 2019.

33 The Jeff Bezos of 1999: Nerd of the Amazon. Interview by Bob Simon. CBS News. January 18, 2018. Accessed April 30, 2019.

34 Yarow, Jay. What It's Like Walking Around Amazon's Massive Offices In Seattle. Business Insider. June 24, 2013. Accessed April 30, 2019.

35 In-person Interview. Amazon.jobs. Accessed April 30, 2019.

36 Amazon Logistics. Amazon. Accessed April 30, 2019.

37 Drive with Uber——Make Money on Your Schedule. Uber.com. Accessed April 30, 2019.

38 Driving with Lyft Is Now Better than Ever. Lyft, Inc. Accessed April 30, 2019.

39 Standards for Brands Selling in the Amazon Store. Amazon. Accessed April 30, 2019.

40 Amazon Experimentation & Optimization. Amazon.jobs. Accessed April 30, 2019.

41 Jeff Bezos Reveals What It's like to Build an Empire and Become the Richest Man in the World—and Why He's Willing to Spend $1 Billion a Year to Fund the Most Important Mission of His Life. Interview by Mathias Döpfner. Business Insider. April 28, 2018. Accessed April 30, 2019.

42 Lane, Randall. "Bezos Unbound: Exclusive Interview With The Amazon Founder On What He Plans To Conquer Next." Forbes. February 21, 2019. Accessed May 03, 2019.

43 Jeff Bezos: Lake Forest Speech. C-SPAN.org. Accessed April 30, 2019.

44 Davenport, Christian. Space Barons: Elon Musk, Jeff Bezos, and the Quest to Colonize the Cosmos. Thorndike Press, 2018.

45 Bechtel, Wyatt. World's Richest Man Learned Work Ethic as a Kid on a Cattle Ranch. Drovers. May 22, 2018. Accessed April 30, 2019.

46 Ibid.

47 Jeffrey P. Bezos on Passion. Academy of Achievement: Keys to Success. Accessed April 30, 2019.

48 Digital image. Miami Herald Online Store. March 2, 2011. Accessed April 30, 2019.

49 Brought to Book. Interview by Andrew Smith. The Guardian. February 10, 2011. Accessed April 30, 2019.

50 Our Mission. Blue Origin. Accessed April 30, 2019.

51 Interview: Jeff Bezos Lays out Blue Origin's Space Vision, from Tourism to Off-planet Heavy Industry. Interview by Alan Boyle. April 13, 2016. Accessed April 30, 2019.

52 Our Mission. Blue Origin.

# 未来，属于终身学习者

我这辈子遇到的聪明人（来自各行各业的聪明人）没有不每天阅读的——没有，一个都没有。巴菲特读书之多，我读书之多，可能会让你感到吃惊。孩子们都笑话我。他们觉得我是一本长了两条腿的书。

———查理·芒格

互联网改变了信息连接的方式；指数型技术在迅速颠覆着现有的商业世界；人工智能已经开始抢占人类的工作岗位……

未来，到底需要什么样的人才？

改变命运唯一的策略是你要变成终身学习者。未来世界将不再需要单一的技能型人才，而是需要具备完善的知识结构、极强逻辑思考力和高感知力的复合型人才。优秀的人往往通过阅读建立足够强大的抽象思维能力，获得异于众人的思考和整合能力。未来，将属于终身学习者！而阅读必定和终身学习形影不离。

很多人读书，追求的是干货，寻求的是立刻行之有效的解决方案。其实这是一种留在舒适区的阅读方法。在这个充满不确定性的年代，答案不会简单地出现在书里，因为生活根本就没有标准确切的答案，你也不能期望过去的经验能解决未来的问题。

而真正的阅读，应该在书中与智者同行思考，借他们的视角看到世界的多元性，提出比答案更重要的好问题，在不确定的时代中领先起跑。

## 湛庐阅读 App：与最聪明的人共同进化

有人常常把成本支出的焦点放在书价上，把读完一本书当作阅读的终结。其实不然。

---

时间是读者付出的最大阅读成本

怎么读是读者面临的最大阅读障碍

“读书破万卷”不仅仅在“万”，更重要的是在“破”！

---

现在，我们构建了全新的“湛庐阅读”App。它将成为你“破万卷”的新居所。在这里：

- 不用考虑读什么，你可以便捷找到纸书、电子书、有声书和各种声音产品；
- 你可以学会怎么读，你将发现集泛读、通读、精读于一体的阅读解决方案；
- 你会与作者、译者、专家、推荐人和阅读教练相遇，他们是优质思想的发源地；
- 你会与优秀的读者和终身学习者为伍，他们对阅读和学习有着持久的热情和源源不绝的内驱力。

从单一到复合，从知道到精通，从理解到创造，湛庐希望建立一个“与最聪明的人共同进化”的社区，成为人类先进思想交汇的聚集地，与你共同迎接未来。

与此同时，我们希望能够重新定义你的学习场景，让你随时随地收获有内容、有价值的思想，通过阅读实现终身学习。这是我们的使命和价值。

**图书在版编目（CIP）数据**

贝佐斯致股东的信 /（英）史蒂夫 · 安德森，（英）卡伦 · 安德森著；汤文静译 .—北京：北京联合出版公司，2021.4（2021.5重印）
ISBN 978-7-5596-5201-0

Ⅰ.①贝… Ⅱ.①史… ②卡… ③汤… Ⅲ.①电子商务—商业企业管理—经验—美国 Ⅳ.①F737.124.6

中国版本图书馆CIP数据核字（2021）第061929号

北京市版权局著作权合同登记　图字：01-2021-1087

**上架指导：企业管理**



# 贝佐斯致股东的信

作　　者：［英］史蒂夫 · 安德森　［英］卡伦 · 安德森
译　　者：汤文静
出 品 人：赵红仕
责任编辑：夏应鹏
封面设计：ablackcover.com
版式设计：张永辉

北京联合出版公司出版
（北京市西城区德外大街 83 号楼 9 层　100088）
唐山富达印务有限公司印刷　新华书店经销
字数 227 千字　880 毫米 × 1230 毫米　1/32　10.5 印张　1 插页
2021 年 4 月第 1 版　2021 年 5 月第 2 次印刷
ISBN　978-7-5596-5201-0
定价：89.90 元